I0842420

MÁS ALLÁ DE LA VIEJA IZQUIERDA

Ezequiel Adamovsky

Más allá
de la vieja izquierda

Seis ensayos para un nuevo anticapitalismo

prometeo
libros

©De esta edición, Prometeo Libros, 2007
Pringles 521 (C11183AEJ), Ciudad de Buenos Aires, Argentina
Tel.: (54-11) 4862-6794 / Fax: (54-11) 4864-3297
info@prometeolibros.com
www.prometeoeditorial.com

Diseño y Diagramación: R&S
Cuidado de los textos: Gervasio Espinosa

Índice

Para Vale

Introducción
¿Qué es ser de izquierda hoy?

La identidad de izquierda es hoy una identidad en crisis: decir "de izquierda" ya no nos ayuda a delimitar un grupo de ideas, o un proyecto, o un conjunto de valores claramente, ni refiere a cosas en las que la gente "de izquierda" necesariamente se identifique.

Una crisis es tanto un momento de pérdida por la descomposición de lo existente, como una oportunidad de recomposición de cara al futuro. Este libro intenta situarse en esta encrucijada: los ensayos aquí reunidos pretenden ser tanto un diagnóstico de los elementos de la izquierda que están caducos, como un rastreo de nuevos caminos emergentes. La voluntad que lo anima es a la vez inscribirse en una larga tradición de pensamiento anticapitalista, y apartarse de aquellos aspectos de ese legado que hoy son obstáculos para las luchas emancipatorias.

En realidad, "izquierda" siempre fue una etiqueta relativamente móvil. Surgió hacia 1816 en el contexto de la política francesa de la época de la primera Restauración de la monarquía, cuando en el parlamento los más conservadores se sentaron a la derecha, y los independientes –en general liberales– se sentaron a la izquierda. Para 1848, sin embargo, los liberales, sin haber cambiado de ideas, eran la derecha, y los republicanos y socialistas la izquierda. ¿Para qué servía la distinción izquierda/derecha, si refería a grupos políticos tan cambiantes? Servía para señalar el posicionamiento de los grupos políticos respecto de lo que se imaginaba que era el progreso social, la dirección hacia la que se suponía que marchaba el mundo. Había en esa época una imaginación más o menos compartida: el mundo marchaba hacia el gobierno representativo, la república y la democracia; marchaba hacia la expansión de los derechos sociales y hacia una mayor igualdad entre los hombres (incluso al socialismo), hacia la incorporación de las mujeres en la vida política, hacia el laicismo, o incluso el ateísmo. Como parte de esa imaginación, tuvo sentido en el siglo XIX y parte del XX delimitar una izquierda y una derecha. La izquierda agrupaba a quienes estaban orientados a favor de esta evolución/cambio, y la derecha a los conservadores. Así, en política "izquierda" se identificaba con "cambio" y "derecha" con "conservación". Estas actitudes llegaron a ser más importantes para definir qué cosa era ser de izquierda que los contenidos mismos de cada ideología. Por ejemplo, en la Rusia de principios de la década de 1990, ser de izquierda era estar a favor de un cambio rápido hacia la democracia liberal y el mercado, y ser de derecha era defender el orden comunista.

Pero por esa misma época se decretaba el "fin de la historia". Por supuesto, no existió tal final; pero su declaración sí indicaba que la evolución del sistema capitalista en un sentido "progresista" había llegado a su fin. La imaginación histórica "progresista" perdió toda credibilidad. No casualmente, fue ese el momento en el que muchas voces empezaron a decir que la distinción entre "izquierda" y "derecha" había perdido validez. En este contexto, en un breve libro titulado *Derecha e Izquierda*, aparecido en italiano en 1995 y editado posteriormente en español, Norberto Bobbio intentó rescatar la relevancia de esos conceptos, pero redefiniéndolos. La diferencia fundamental entre ellos reside, según Bobbio, en la actitud que cada una de las partes muestra frente a la idea de igualdad. Aquellos que se declaran de izquierdas dan mayor importancia, en sus iniciativas políticas, a las formas de atenuar o reducir los factores de desigualdad. Al contrario, los que se declaran de derechas privilegian la libertad de mercado irrestricta y la iniciativa individual. Lo interesante de la propuesta de Bobbio es que, de alguna manera, elimina la dimensión del "cambio social progresista" de la definición de izquierda. En efecto, está implícito en esta definición que ser "de izquierda" ya no es estar en sintonía con el curso de la historia, sino tener simplemente una de las dos actitudes entre las que oscila la política actual.

De algún modo, la definición de Bobbio refleja el papel que está desempeñando el bipartidismo en el mundo actual. En general, en la mayoría de los países el gobierno se alterna entre un partido "conservador" o de "derecha", que es el que profundiza las reformas de mercado aplastando lo que haya que aplastar en el camino, y un partido "de izquierda" que es el que votamos cuando la presión se ha hecho demasiado intolerable y hace falta algún paliativo, un poco de ayuda a los más perjudicados, un papel más activo del Estado, etc. Y luego el ciclo comienza de nuevo cuando, en vista de las dificultades económicas o cuando hace falta más disciplina, la "derecha" vuelve a ser favorita. En este esquema ha desaparecido el horizonte del cambio social progresivo: lo que queda es una mera alternancia de dos énfasis distintos en la vida política, en un sistema que se reproduce sin grandes cambios. En este contexto el apelativo "de izquierda" ha perdido hoy gran parte de su validez. Carece de sentido ubicar, digamos, a un trotskista en la "extrema izquierda" y a los progresistas o socialistas en la izquierda moderada o "centroizquierda", como si formaran parte del mismo universo, como era antes, en la época en que lo único que los distinguía era la velocidad o el método con el que pretendían avanzar hacia el socialismo.

Por otro lado, existe hoy otro factor que contribuye a erosionar la identidad de izquierda: el surgimiento de ideas, grupos y movimientos anticapitalistas, radicalmente en favor de la igualdad, pero que son profundamente diferentes a los partidos de la izquierda anticapitalista que existió hasta ahora. En un libro anterior, *Anticapitalismo para principiantes*, sostuve que estamos presenciando el surgimiento de una nueva "familia" de movimientos emancipatorios, que se aparta marcadamente de las tres "familias" que hegemonizaron la izquierda tradicional: la de la Socialdemocracia, la del Leninismo (en sus diversas variantes) y la de los movimientos de "Liberación Nacional". La nueva familia anticapitalista, por ejemplo, se opone al vanguardismo, al autoritarismo, al centralismo, a la mentalidad "guerrera", y a la confianza exclusiva en la clase obrera como agente de cambio, elementos todos que caracterizan a la vieja izquierda. Con estas diferencias tan profundas, también entra en crisis la identidad de izquierda. ¿Somos realmente parte de un *mismo* movimiento político junto con partidos vanguardistas, jerárquicos, autoritarios, intolerantes, y que generan subjetividades que dificultan la cooperación y el respeto de la multiplicidad? Quienes nos sentimos parte del movimiento anticapitalista de nuevo tipo no podemos sencillamente decirnos "de izquierda" sin tener que dar muchas explicaciones para distinguirnos de aquellas organizaciones.

¿Qué es ser anticapitalista (más claro que "de izquierda") hoy, entonces? Este libro reúne una selección de ensayos que escribí entre 2000 y 2006, mientras trataba de encontrar una respuesta a esta pregunta. Aunque cada texto apareció por separado y es una unidad en sí mismo, el conjunto seleccionado de alguna manera propone un recorrido unitario, que va desde el análisis de los problemas de la cultura de izquierda que heredamos, hasta algunas ideas acerca de las formas organizativas y la estrategia para un nuevo anticapitalismo, pasando por la discusión acerca de qué sujetos sociales encarnarán el proyecto emancipatorio, y cómo se vinculan en los ámbitos local, nacional y global.

A diferencia de *Anticapitalismo para principiantes*, este no es un libro introductorio. Aunque he hecho el esfuerzo de simplificar los temas y la escritura al máximo, se trata de ensayos que por momentos recorren cuestiones históricas, filosóficas y políticas que pueden requerir cierto esfuerzo por parte del lector. No es, sin embargo, un libro "académico" –aunque tenga referencias a autores académicos–, sino pensado desde y para el activismo.

De hecho, existe una cierta injusticia que espero poder remediar al menos parcialmente en esta Introducción. Si bien este libro está firmado por un individuo, es el fruto de un trabajo de pensamiento colectivo. Ninguna de estas ideas me "apareció" en soledad, sino en el intercambio cotidiano con otras personas. He podido reconocer algunas de mis deudas con otros autores en las notas al pie, y va de suyo que me beneficié, por mi formación como historiador, de otros muchos escritores, docentes y estudiantes que no podría mencionar aquí.

Y sin embargo hay todavía tantos otros que contribuyeron al desarrollo de estas ideas... Nada de lo que aquí escribo sería posible sin las personas extraordinarias con las que tuve oportunidad de militar desde adolescente. Aprendí la mayor parte de las cosas que circulan por estos ensayos de mis compañeros de la Asamblea Popular Cid Campeador. No podría siquiera imaginar todo lo que les debo a ellos, y a los activistas de otros movimientos sociales con los que entré en contacto gracias a la Asamblea (sin ir más lejos, los primeros párrafos de esta Introducción son fruto de un intercambio con los "Vecinos Memoriosos de Caballito"). ¿Cuánto de lo que escribo lo habré escuchado de alguien en alguna Ronda de Pensamiento Autónomo, o de algún amigo de Indymedia argentina, o de algún grupo de arte político, etc.? Imposible saberlo.

También debo reconocer la enorme deuda que tengo con las decenas de activistas del movimiento de resistencia global que pude conocer participando en el Foro Social Mundial y en otros encuentros. Estoy seguro de que las riquísimas discusiones en los "campamentos de la juventud" del Foro, o con mis amigos en Intergaláctika Buenos Aires, nutren más párrafos de este libro que los que yo mismo podría identificar.

Y por último están las deudas que tengo más claras. Horacio Tarcus apareció en un momento crucial y estimuló nuevas búsquedas intelectuales. Tenerlo cerca a él y al resto de los compañeros del colectivo editor de la revista *El Rodaballo* durante la fatídica década de los noventa fue enormemente enriquecedor. La avidez intelectual y política de mi amigo Martín Bergel, siempre un paso por delante de la mía, fue una fuente de inspiración constante. Más recientemente, los contactos con Michael Albert y Lydia Sargent, y con el círculo de gente increíble que ellos nuclearon alrededor de los varios proyectos de *Znet/Zmag*, me ayudaron a imaginar nuevos caminos estratégicos y organizacionales. Vaya para todos ellos mi sincero agradecimiento.

Buenos Aires, enero de 2007

Primera parte

Lo actual y lo inactual en la cultura de izquierda

Por una ética radical de la igualdad

¿Qué es ser anticapitalista hoy? Está dicho: la de izquierda es una identidad en crisis. La recomposición de un movimiento de emancipación radical supone, entonces, un examen crítico de nuestro propio legado. Puestos en esa tarea, no tarda en comprobarse que una las carencias más grandes de la tradición de izquierda quizás sea la de una dimensión ética de la acción política.

El siguiente texto —que se publica por primera vez en esta compilación— intenta analizar los motivos por los cuales hemos heredado esa carencia, y los efectos del vacío ético en las prácticas concretas. El ensayo recorre algunos momentos clave en la historia de los vínculos entre pensamiento moral y política emancipatoria, incluyendo el rechazo del primero por parte de la tradición marxista y algunos intentos posteriores de readmitirlo. Se postula asimismo la imperiosa necesidad de anclar toda voluntad militante en una ética radical de la igualdad, capaz de orientar nuestras acciones en un sentido claramente emancipatorio.

La izquierda radical –marxista, comunista, guevarista, socialista, anarquista, autonomista, trotskista, maoísta, leninista, etc.– procede, más allá de cualquier diferencia doctrinaria, de un impulso primario compartido: el deseo de vida en común, entre iguales, en una sociedad libre de opresión y explotación. Esa es su verdad histórica permanente.

Las ideas de izquierda, sin embargo, han tenido y tienen otros usos, que se apartan de aquel impulso fundamental, y en ocasiones pueden incluso contradecirlo. Si uno examina los motivos implícitos que estuvieron por detrás de los discursos izquierdistas en el pasado, pronto aparecen usos que son claramente *ideológicos*. Y lo son en el sentido marxista de la expresión: *discursos izquierdistas cuya función es la de enmascarar o canalizar voluntades de poder* que no quieren o no pueden expresarse abiertamente. Una función implícita tal subvierte, consciente o inconscientemente, la vocación emancipatoria primaria que dio origen a las ideas de izquierda.

Tomemos algunos casos históricos. Las ideas del socialismo, del comunismo o del marxismo, por ejemplo, han sido utilizadas en varios momentos del siglo XIX y XX por su capacidad para demoler el individualismo liberal. La crítica de la atomización de la sociedad y del imperio del egoísmo que produce el capitalismo liberal encuentra en el arsenal del pensamiento de izquierda armas poderosísimas. Pero esas armas no han sido utilizadas, en ocasiones, para alimentar un proyecto emancipatorio, sino simplemente para justificar un proyecto político de homogeneización forzada de la sociedad detrás de alguna bandera política. Ya que el individualismo erosiona la vida colectiva, de lo que se trata en estos casos es de apuntar a una *restauración autoritaria de una colectividad nacional* (con o sin propiedad privada o mercado, eso es lo de menos). Pueden citarse varios ejemplos de este tipo de usos de las ideas de izquierda: el fascismo de Mussolini comenzó, como es sabido, en las mismas filas que el socialismo revolucionario italiano. El itinerario del *Duce* no fue de ningún modo único: es similar al de otros socialistas como Sorel y al de decenas de referentes intelectuales de izquierda en todo el mundo.[1] El antiguo Partido Comunista de la URSS es hoy una agrupación nacionalista, antiliberal y antisemita, que sin embargo conserva, del ideario comunista, bastante más que el nombre. En todos estos casos, de las ideas izquierdistas se toman sólo los elementos "convenientes" como el culto al Estado fuerte, la subordinación del individuo a las necesidades del colectivo, la crítica de la democracia liberal, etc. En el camino

---

[1] Ver STERNHELL, Zeev et al.: *El nacimiento de la ideología fascista*, Madrid, Siglo XXI, 1994.

quedan, sin embargo, los ideales más claramente emancipatorios: los de igualdad, autogestión, cooperación, solidaridad, libertad.

A veces en combinación con el anterior, otro uso ideológico de las ideas de izquierda ha sido el del marxismo como "ideología de la modernización". Ya presente en el propio Lenin, cuando argumentó que el socialismo es "soviet más electrificación", este uso alimentó el discurso autojustificatorio de varias dictaduras, desde la de la elite china que encabezó la restauración del capitalismo, hasta la de teóricos del "socialismo africano" como Julius Nyerere o tiranos en nombre del "socialismo científico" como el somalí Siyad Barre. Nuevamente en este caso, del ideario del marxismo se seleccionan sólo las ideas de un Estado planificador fuerte (apoyado en una unanimidad forzada por debajo), el imperativo del desarrollo de las fuerzas productivas, y la crítica de la burguesía y del liberalismo en nombre de una igualdad que se restringe al plano puramente económico.

Otro uso ideológico del ideario de izquierda, relacionado con el ideal de la "modernización", es uno que existió, en proporciones variables, en los movimientos socialistas de todo el mundo. Se trata de ese "anticapitalismo de clase profesional-gerencial" del que hablan Barbara y John Ehrenreich, que más que a la emancipación de los trabajadores apuntaba a un mundo dirigido "científicamente" por la elite de "los que saben". De la mano del marxismo, la propiedad privada se hace objeto de crítica, pero en nombre de un ideal implícito de gerenciamiento técnico-burocrático de la sociedad.[2] En el camino quedan, nuevamente, la autogestión, la libertad, y la autonomía del todo social cooperante.

Finalmente, existen usos ideológicos del ideario de izquierda en un sentido inverso. En lugar de emplearse como justificación de la homogeneidad social, del dominio científico de una vanguardia/burocracia, o de un Estado fuerte, se lo utiliza como máscara del individualismo más radical. Se trata del izquierdismo de muchas personas o pequeños grupos de "anarquistas" o "autonomistas" (o como quiera que se nombren), que toman de la tradición de izquierda su rechazo a la opresión, al Estado y a la autoridad en general, pero sólo para reclamar para sí mismos el derecho a actuar según su propia voluntad (privada), sin rendir cuentas ante nada ni nadie. En este caso, el izquierdismo funciona como un barniz "estético" y un "estilo de vida" que justifica una actitud tanto o

---

[2] EHRENREICH, Barbara & John: "The Professional-Managerial Class", en Pat Walker (ed.): *Between Labor and Capital*, Boston, South End Press, 1979, pp. 5-45.

más egoísta que la de cualquier burgués, y con frecuencia mucho más elitista en su desprecio por la gente "común".

Agreguemos ahora algunos de los efectos históricos de las ideas de izquierda en la práctica: los crímenes de Pol Pot y Sendero Luminoso; el GULAG y la masacre de Tiananmen; la represión de compañeros de izquierda en nombre del socialismo dondequiera que un partido (único) haya tomado el poder; la manipulación "vanguardista" de los demás y esas innumerables pequeñas muestras cotidianas de mutua hostilidad y de "totalitarismo interno" que todo el que ha pasado por un partido o grupo izquierdista conoce. Todo esto en nombre de las ideas de izquierda.

¿Cómo es posible que ideas tan sublimes convivan con usos y con efectos tan contradictorios? ¿Cómo sucede que ideas de izquierda se conviertan con tanta frecuencia en puerta de acceso a prácticas de derecha?

Ideas sin ética

Si el humanismo implícito de las ideas de izquierda se ha mostrado tantas veces ausente en sus prácticas, esto se debe a que la tradición de izquierda, al menos en sus vertientes hegemónicas, ha carecido de una dimensión ética. Más aún: ha expulsado *activamente* de su política cualquier preocupación por la valoración ética de las acciones.

Reducido a su formulación más sencilla, el problema de la ética es el de establecer criterios que nos ayuden a definir qué comportamientos o acciones son buenos, y cuáles son malos (y por ello deben evitarse). Toda ética suele incluir, explícita o implícitamente, la noción de una *responsabilidad* de las acciones, es decir, frente a qué o quién debo responder *moralmente* por lo que hago o dejo de hacer. También suele incluir —casi siempre implícitamente— alguna provisión "situacional" que determine en qué contextos específicos es legítimo no respetar el código general. Tomemos por ejemplo el cristianismo: su ética, formulada explícitamente en los diez mandamientos y en la doctrina de los pecados, emana directamente del criterio divino; es eterna y está más allá de las opiniones cambiantes de los hombres. Quien viole ese código debe responder ante Dios (más allá de que la Iglesia o el poder temporal puedan también, mientras tanto, castigar o perdonar acciones). La presencia pastoral de Dios, cuya mirada es capaz de escrutar hasta el último rincón del alma, funciona como guardián y garante de un comportamiento ético por parte del rebaño. Como sucede con toda ética, en su práctica concreta la ética cristiana incluye provisiones *ad hoc* para hacerla más flexible ante situaciones extremas. A pesar de los mandamientos, no cuenta como pecado mortal matar a alguien en legítima defensa, o robar una manzana para no morir de hambre.

¿Cómo se orienta la izquierda a la hora de tomar decisiones políticas, desde las grandes líneas estratégicas de un partido, hasta las acciones cotidianas de un militante? ¿Qué código de comportamientos legítimos manejamos, y ante qué o quién respondemos por lo que hacemos u omitimos?

Nunca ha dejado de sorprenderme el rechazo visceral que manifiesta mucha gente de izquierda respecto de la ética. Incontables veces he visto a compañeros pegar un respingo cuando, por algún motivo, escuchan a alguien utilizar un vocabulario que remite al universo moral. Si por necesidad tienen que discutir acerca de faltas en el comportamiento de alguien, aclaran siempre que "no se trata de una cuestión moral", como si hablar de cosas que están "bien" o "mal" no fuera propio de alguien de izquierda. Y aunque mucha gente de izquierda se cuenta entre los seres más altruistas, bondadosos y caritativos que uno pueda encontrar en este mundo, a la mayoría sin duda le incomodaría ser considerado una persona "bondadosa" (adjetivo que, para el universo cultural de la izquierda, suele evocar rasgos de "debilidad").

Esta extraña contradicción en la cultura militante se debe a que la izquierda ha rechazado toda la problemática de la valoración moral de los comportamientos, reduciendo la ética, por así decirlo, a una mera "lógica". Así, las acciones y conductas no se orientan sobre la base de lo que pudiera considerarse "bueno" o "malo", sino a lo que es "correcto" o "incorrecto". La medida de la "corrección" no es, sin embargo, definida por una ética, sino por su correspondencia con una verdad política conocida: una acción correcta es aquella que sigue la línea de una política correcta. A su vez, se establece que una línea política es "correcta" no mediante un ejercicio de valoración ética, sino en virtud del conocimiento de una verdad (por ejemplo, el sentido en que apuntan las "Leyes de la historia", los dictados de la "conciencia de sí", los postulados expresados en algún libro canónico de Marx, Bakunin, etc.). Una acción que empuja en el sentido de la Historia –por ejemplo, inducir a que un grupo de jóvenes se sume a una acción directa ocultándole deliberadamente información sobre sus posibles consecuencias– puede ser considerada "correcta" independientemente de que sea éticamente reprobable. Lo que importa no es que la acción sea correcta porque es "buena", sino porque es o podría resultar "efectiva".

El destierro de la ética

No hay, sin embargo, nada necesariamente reñido entre ética e izquierdismo. De hecho, pueden encontrarse rastros de una gran consideración por la dimensión ética en el (mal llamado) "socialismo utópico" del siglo XIX y en varias corrientes minoritarias dentro de las tradiciones socialista y anarquista. Para el anarquismo de Kropotkin, por ejemplo, resultaba crucial apoyarse en una ética de nuevo tipo, que escapara de preceptos religiosos o metafísicos, y que diera "un Ideal a los hombres" para "guiarlos en la acción". Preocupado por el amoralismo que solía derivarse en sus días del liberalismo, del darwinismo o de las ideas de Nietzsche, Kropotkin trabajó intensamente para escribir un tratado sobre ética entre 1904 y su muerte (1921). Buscaba postular una ética de la solidaridad y demostrar que era universal, en la medida en que emanaba de la sociabilidad natural de los hombres (incluso de los animales) y del impulso de la "ayuda mutua".[3] Una preocupación similar se hace visible también en el "socialismo cristiano" de Tolstoi, que se había convertido en un verdadero movimiento de masas a principios del siglo XX. De las enseñanzas de un Cristo desdivinizado, Tolstoi derivaba mandatos éticos generales (desvinculados de cualquier religiosidad) que no sólo debían orientar la acción política, sino que prefiguraban el mundo deseado: amor por el prójimo, humildad, perdón de las ofensas, etc.[4]

La tradición marxista, sin embargo, se opuso enérgicamente a cualquier discurso ético. El propio Marx desdeñaba esa preocupación como algo irrelevante: en el *Manifiesto Comunista* la consideró una distracción que dificultaba la comprensión de las bases materiales de las penurias sociales, y en *La ideología alemana* llegó a sostener que "los comunistas no predican ninguna moral en absoluto". Recientemente algunos estudiosos de su obra han sugerido que el rechazo de la ética por parte de Marx obedecía tan sólo a la necesidad "táctica" de marcar una diferencia en los debates con otras corrientes de la época, y que en realidad el marxismo es un humanismo que, como tal, contiene una fuerte ética implícita. Como quiera que sea, incluso esos autores reconocen que la actitud de Marx marcó profundamente a la tradición marxista, que se mantuvo desde entonces hostil hacia cualquier discurso ético (con la excepción de una vertiente marginal de "marxismo ético" representada por autores como

---

[3] Sus artículos y notas dispersas fueron recopilados en KROPOTKIN, Pedro: *Origen y evolución de la moral*, Buenos Aires, Americalee, 1945.

[4] Ver TOLSTOI, Leon: *Cuál es mi fe*, Barcelona, Mentora, 1927, pp. 11-21 [publ. orig. 1884].

Ernst Bloch, Herbert Marcuse, Erich Fromm, Henri Lefebvre, o Mihailo Markovic).[5] Karl Kautsky, el teórico principal del marxismo de la Segunda Internacional, dedicó su libro *La ética y la concepción materialista de la historia* (1906) a sostener que el progreso histórico obedece a leyes que poco tienen que ver con los ideales morales. Por ello, opinaba, los socialistas debían buscar orientación para la acción en "la ciencia, que se ubica siembre por encima de la ética".[6] En su artículo "Táctica y ética" (1919) Lukács coincidió con Kausky en que las decisiones de táctica política deben responder sólo ante el tribunal de la historia: si están en sintonía con "el sentido de la historia mundial", son por ello acciones "correctas" y, por eso mismo, necesariamente "éticas".[7] Podrían encontrarse muchos otros ejemplos.[8] Lo que importa para nuestros propósitos es que este tipo de reducción de la dimensión ética a un mero problema de "lógica" o de conocimiento de lo que es correcto o incorrecto respecto de supuestas Leyes de la necesidad histórica, se tradujo en la práctica – no sólo entre los marxistas, sino entre los izquierdistas en general– en el borramiento de todo sentido de responsabilidad personal, y en el típico principio según el cual "el fin justifica los medios".

Dentro de la propia tradición marxista hubo reacciones tempranas en contra de esa alianza entre política y "ciencia" que dejaba afuera la ética. En *Religión y socialismo*, un notable libro escrito en 1907, hoy olvidado, Anatoli Lunacharski –quien pronto formaría parte del primer gobierno bolchevique– se propuso complementar esa "austera, modesta y árida filosofía" del marxismo, con una estética y con una ética o "ciencia de las valoraciones", de las que carece todavía hoy. En efecto, Marx y Engels se ocuparon de "conocer" el mundo; pero "la relación total del hombre con el mundo sólo se cumple cuando sus procesos son no sólo conocidos, sino también valorados"; la acción "sólo surge del conocimiento y de la valoración". La ciencia no se preocupa por las cuestiones del corazón: responde a las preguntas "cómo y por qué", pero no se ocupa de si "es bueno o es malo". La religión, por el contrario, responde a estas cuestio-

---

[5] Ver WILDE, Lawrence: *Ethical Marxism and its Radical Critics*, Basingstoke, Palgrave, 1998; idem (ed.): *Marxism's Ethical Thinkers*, Basingstoke, Palgrave, 2001.

[6] KAUTSKY, Karl: *Ethics and the Materialist Conception of History*, Londres, Charles H. Kerr & Co., 1906, cap. V. Disp. en http://www.marxists.org/archive/kautsky/1906/ethics/ch05b.htm#s5d

[7] LUKACS, Georg: "Tactics and Ethics", en *Political Writings, 1919-1929*, N.L.B., 1972. Disp. en http://www.marxists.org/archive/lukacs/works/1919/tactics-ethics.htm

[8] Otro ejemplo interesante en el mismo sentido en WOOD SIMMONS, Mary: "Some Ethical Problems", *International Socialist Review*, vol. 1, no. 16, December, 1900. Disp. en http://www.marxists.org/subject/women/authors/simmons/ethics.htm

nes y apunta a una conclusión práctica: "constata la presencia del mal en el mundo" e "intenta vencerlo". Es por esa función de valoración ética y estética del mundo que Lunacharski sostiene que el socialismo debe "imitar" a las religiones (más allá, por supuesto, de sus elementos teológicos y dogmáticos) y convertirse en una verdadera cosmovisión.

Resulta interesante la relación que Lunacharski traza entre la dimensión ética y el problema de la hegemonía. Está claro que el socialismo es la causa del proletariado, pero ¿es también un *bien* desde un punto de vista moral para la humanidad toda? Los marxistas ortodoxos –se queja Lunacharski– rechazan la pregunta, porque les alcanza con que sea correcto sólo para el proletariado (el socialismo, dicen, no es una fe que busque prosélitos fuera de la clase obrera). Sin embargo –continúa nuestro autor–, esa es una concepción limitada: el proletariado necesita conseguir "la hegemonía ideológica" si quiere acceder al poder (cosa que no podría hacer si está solo contra todos). Para conquistar las simpatías de los no obreros, concluye, es necesario que el socialismo se presente como un ideal de altura para toda persona que no esté corrompida por sus intereses de clase.[9]

La postura de Lunacharski fue rechazada por prácticamente todos sus contemporáneos, de modo que el marxismo, a su pesar, siguió siendo una "árida filosofía" desprovista de dimensión ética. Y, sin embargo, aunque sin teorizarse *explícitamente* en el plano doctrinario, la tradición de izquierda no ha carecido de una "cultura militante" *implícita*, que valoriza algunas cosas más que otras. Presente menos en sus libros que en sus prácticas, algunos de los valores implícitos de la izquierda derivan de su alianza con la ciencia y del consiguiente rechazo de la ética. Por ejemplo, pocas tradiciones políticas han valorado tanto la inteligencia, el estudio, los autores canónicos, y la teoría como guías para la acción. Pocas han premiado tanto las "virtudes" de la intransigencia, la ortodoxia, la firmeza, o la incondicionalidad en la adhesión a una organización, un filósofo, o un programa. Contrariamente, es notable en la cultura de izquierda el "castigo" de otras condiciones que, desde un punto de vista alternativo, podrían ser consideradas "virtudes": la bondad, la flexibilidad, la capacidad de negociación, la disposición al diálogo y al consenso, el respeto del otro, la duda. Rechazado en el plano teórico, existe sin embargo en la práctica de la izquierda un mundo moral *implícito* que distingue claramente entre "justos" y "pecadores".

---

[9] LUNACHARSKI, Anatoli: *Religión y socialismo*, Salamanca, Sígueme, 1976, pp. 22, 25-27, 55, 262.

Está visto: el tipo de "virtudes" que la alianza entre socialismo y ciencia estimula son precisamente aquellas que más dificultan la cooperación entre iguales. Al orientar sus acciones de acuerdo a los mandatos de una Verdad trascendente (extraída de la ciencia, del conocimiento de supuestas Leyes de la historia, o de algún libro canónico), la izquierda se hace *impermeable al prójimo*. Y lo hace en un doble sentido: por un lado, volviéndose sorda a las simples "opiniones" de los legos (es decir, de aquellos que no han demostrado un manejo de esa Verdad) y por ende poco dispuesta a acordar con ellos; por el otro, rechazando implícitamente toda responsabilidad frente al otro. Bajo el amparo de la Verdad, la izquierda se hace inmune al juicio de los demás. Retirada de este modo del mundo de los iguales, adopta ese típico aire autosuficiente y de altiva condescendencia respecto de los otros, y ese estilo vanguardista perceptible incluso entre aquellos que se declaran contrarios a toda vanguardia (pero se sienten, de todos modos, "iluminados" por su propia Verdad). Se llega así a esa paradoja que señalara hace ya más de doscientos años Jean-Jacques Rousseau, en una de esas frases irónicas y cargadas de verdad que gustaba lanzar contra algunos de sus colegas filósofos. Cuestionaba él entonces a quienes dicen amar a la Humanidad, pero sólo para no sentirse en la obligación de amar a algún humano en particular. La crítica de Rousseau sirve todavía hoy para ilustrar la tragedia de una izquierda sin ética.

El comunismo como ética (inmanente) de los iguales

Si no es de la ciencia, ¿de dónde habríamos de obtener orientación para la práctica política? Y si no es ante una Verdad, ¿ante qué o quién deben poder *responder* nuestras acciones? Volvamos ahora al problema de la izquierda y de la dimensión ética indispensable para protegerla de cualquier uso ideológico, y para apartarla claramente de las prácticas de derecha. El principio y el fin de cualquier política anticapitalista –este es el postulado central de este ensayo– debe ser el de una *ética radical de la igualdad*.

Una ética radical de la igualdad es, antes que nada, una ética *inmanente*. A diferencia de otras éticas –por ejemplo la de Kant, la de los filósofos socráticos, o las incluidas en las principales religiones– que se pretenden procedentes de algún orden eterno (racional, natural o divino), la nuestra debe estar firmemente anclada en *este* mundo. Como la vida social toda, el universo de los criterios morales debe mantenerse al alcance de los hombres y mujeres concretos. Para decirlo en otras palabras, su contenido debe ser el fruto de acuerdos sociales que reconozcan las necesidades de la vida en común, tanto las más universales (es decir, las que tienen que ver con la especie humana como tal) como las más históricas y situadas. Que un código ético sea algo más o menos permanente y ampliamente compartido no significa que deba considerarse eterno o universal, ni que su autoridad tenga que depositarse en dioses o verdades trascendentes. Una ética inmanente es una ética *de nosotros*.

Por otra parte, una ética radical de la igualdad es una ética *dialógica*. Sabe que la sociedad no está formada por individuos aislados, pero tampoco es un colectivo que exista más allá de las personas concretas que lo producen (postular una colectividad que esté por encima de las personas, como hace cierto izquierdismo, es caer nuevamente en un trascendente). La existencia personal, como sabía el joven Bajtin,[10] sólo es posible en la interacción con el otro: es sólo por obra de la imagen, el cuerpo, la mirada, y la palabra del prójimo que existo como persona *completa*. La vida social no es otra cosa que ese diálogo en curso con los prójimos vivos, con los que ya han muerto, y con los aún por venir. Una existencia ética, por eso, es aquella de personas que se saben en la obligación de poder *responder* ante el otro por lo que son, por lo que hacen, y por lo que omiten. Una ética dialógica requiere entonces compromiso con el prójimo, una existencia personal que asuma su responsabilidad con el otro, y que no busque coartadas ni se retire al monólogo o al apego a un trascendente (sea Dios, la Ciencia, la Nación, el Pueblo, la Clase, el Partido, el Individuo). Una existencia ética, sin coartadas, es una de fidelidad a la situación concreta y de responsabilidad frente al prójimo en cada acto. Y sólo puede tratarse de una ética *radical* de la igualdad si el compromiso es con el otro *concreto*, tal como éste existe a mi lado. (No es sino otra variante del vanguardismo aquella que sólo acepta responder por sus acciones frente a los que piensan o actúan como uno –el Partido o los militantes "conscientes"– sustrayéndose en cambio de toda responsabilidad frente a los hombres y mujeres "comunes".) Y no se objete que un compromiso radical con el otro *tal cual es* significaría una ceguera respecto de las diferencias de clase y del antagonismo que marca la vida social. Porque estamos hablando de una ética *de la igualdad*, cuya razón de ser es, precisamente, proteger la vida en común de aquellos que, bajo

---

[10] La ética radical de la igualdad que aquí proponemos está inspirada en dos textos fundamentales de Mijail Bajtin, "Arte y responsabilidad" y "Autor y personaje en la actividad estética", incluidos en BAJTIN, Mijail: *Estética de la creación verbal*, Buenos Aires, Siglo XXI, 2002, pp. 11-199.

cualquier excusa, pretenden situarse por encima de los demás. Los que se niegan a *ser iguales*, en todo tiempo y lugar, han huido de cualquier ética dialógica e inmanente. Y es por ello, porque no pueden responder frente al otro, que la justificación del privilegio ("ley privada") se ha apoyado siempre en alguna autoridad o en algún trascendente. Una ética radical de la igualdad es, por definición, la enemiga más acérrima del poder.

¿Cuál sería el contenido concreto de una ética de los iguales? ¿Qué virtudes promovería, y qué conductas condenaría? Se trata primero y fundamentalmente de una ética del *cuidado del otro*, expresada en una codificación de virtudes y defectos que valore todo aquello que apunte a la cooperación, la solidaridad, la comprensión de las razones ajenas, la humildad, el respeto de lo múltiple, la capacidad del consenso, etc., y que "reprima" los impulsos a la competencia, el egoísmo, la ambición de poder, la soberbia intelectual, la terquedad, la obsecuencia, el narcisismo.

Quizás decepcione comprobar, llegados a este punto, que una ética radical de la igualdad, en su contenido concreto, no sería demasiado diferente de los códigos morales que los humanos nos hemos dado desde tiempos remotos. Para quienes no tengan veleidades vanguardistas, sin embargo, no hay nada para avergonzarse en la ausencia de saltos innovadores en este rubro: puede que el comunismo, después de todo, no sea ni más ni menos que la realización de los anhelos de vida en común de los iguales de todo tiempo y lugar.

Sensatez y sentimientos en la cultura de izquierda[*]

El siguiente texto, aparecido en 2001, formó parte de una polémica más amplia que, desde El Rodaballo, sostuvimos con los amigos de las revistas La Escena Contemporánea y El Ojo Mocho. La disputa —cuyos motivos resultan hoy perfectamente olvidables— incluyó sin embargo un valioso intercambio acerca del legado de la Ilustración, y las potencialidades de la razón, de los mitos y de la pasión a la hora de pensar una política emancipatoria. En ese contexto, Horacio González llamó a considerar el problema de las "restricciones culturales de la izquierda", y a superarlas añadiendo elementos "renacentistas, rabelesianos, románticos y muntzerianos" a una cultura hasta ahora excesivamente dominada por la herencia de la Ilustración.[1] "Sensatez y sentimientos..." fue mi respuesta crítica al llamado de González. En este texto intenté reexaminar la tradición de izquierda no en el plano de sus ideas sistemáticas, sino en el de los sentimientos en los que se apoya y de los que se alimenta implícitamente. Se trata, entonces, de un ejercicio de análisis de la cultura de la izquierda en su dimensión más antropológica, es decir, la de los valores, representaciones y formas de sentimentalidad que circulan por debajo de la ideología explícita tal como ha sido expresada en discursos argumentativos y racionales.

---

[*] Ezequiel Adamovsky: "Sensatez y sentimientos en la cultura de izquierda", *El Rodaballo* (Buenos Aires), no. 13, invierno 2001, pp. 44-54. Se publica con pequeños cambios y modificaciones estilísticas.

[1] Ver su art. "Razón de la polémica, polémica de la Razón", *El Ojo Mocho*, no. 15, primavera 2000, p. 95.

Acerca del sentir en política

Hablemos de sentimientos. Por debajo nuestra parte consciente existe una rica vida emotiva, que establece con aquélla una relación problemática. Cualquiera que haya vivido sabe que "el corazón tiene razones que la razón ignora", y que ninguno de los dos es reductible al otro. A veces se contradicen o se molestan mutuamente, pero es más frecuente que encuentren formas de convivencia más o menos pacíficas. Ambos tienen infinitos recursos para camuflarse, influirse, o acomodarse para, aunque sea, pasarle al otro inadvertido. El corazón, en especial, es particularmente hábil a la hora de viajar de polizón en las más variadas racionalizaciones, aun en aquéllas que le son hostiles, y disfruta maliciosamente el malograr los planes mejor elaborados. La razón, naturalmente expansionista, nunca se da por vencida en su vano anhelo de disciplinar a su burlón acompañante y, en los tiras y aflojes de esa complicada convivencia, ambos se modifican mutuamente. Y es que ambos, a pesar de sus diferencias, tienen algo en común: viven en la historia. Lejos de ser substancias invariables o "naturales", con contenidos o pretensiones fijos, ambos son producto de la vida histórica. Razón y sentimentalidad cambian con los tiempos: tienen ellos también una historia.

Lo mismo puede decirse de la relación entre los discursos políticos expuestos en forma racional y sistemática, y lo que Raymond Williams ha llamado las "estructuras de sentimiento", que se expresan a través de referencias vagas y a veces inconscientes, pero que tienen una fuerza igual o mayor que aquellos. Una misma estructura de sentimiento puede habitar en varios discursos políticos, incluso si estos son antagónicos. Del mismo modo, dentro de una misma familia política puede haber varias estructuras de sentimiento, a veces sin percibirse mutuamente. ¿Existen los sentimientos *de izquierda*? No pregunto si la izquierda *tiene* sentimientos (claro que los tiene), sino si hay *un tipo* de sentimentalidad que corresponda al conjunto de racionalizaciones que circulan en la izquierda. Si hubiere más de uno: ¿Conviene preferir *ciertos tipos* de sentimientos antes que a otros? Llegados a este dilema, el lector atento se preguntará a qué me refiero con eso de "corresponder". ¿Cómo se sabe si sentimientos e ideas que viajan juntos están hechos el uno para el otro? La respuesta no es sencilla. Quizás ayude un poco empezar por un ejemplo.

Supongamos que estamos en la segunda mitad del siglo XIX y somos socialistas. Nuestra racionalización del mundo nos indica que la mayoría de las infelicidades propias y ajenas podría solucionarse acabando con la propiedad privada de los medios de producción. Correcto: aún me quedan por hacer varias racionalizaciones más acerca de cómo conviene que me organice, qué tipo de plataforma es la mejor en el corto plazo, a quiénes he de dirigirme en busca de apoyo, etc. Pero dejemos las ideas de lado para ir a los sentimientos. ¿Cómo vivo mi vida entonces? Quizás me entregue por completo a "la causa", viva en una buhardilla helada, me alimente a base de sopa de repollo y duerma poco para no quitar tiempo a la militancia. Estudio febrilmente teoría socialista, asisto puntualmente a todas las reuniones del partido y obedezco las decisiones tomadas. Toda mi energía está puesta allí, y ni siquiera me interesa pensar en tener relaciones amorosas. Es más, miro con desprecio a mis compañeros cuando gastan unos centavos en el bar o se entregan a los placeres sensuales. Como parte de mi militancia, inicio entonces una campaña contra el juego y el alcohol y por la temperancia en general. En la sociedad nueva, imagino, todos seremos como hermanos y viviremos felices el uno para el otro, y no habrá sufrimientos, ni peleas, ni desacuerdos, ni alcohol, ni ese toqueteo inmundo en las tabernas. Seremos hombres nuevos. La política no hará ya falta. Mientras imagino esto anhelo que llegue la Revolución, que será como un gran fuego que todo lo purifique, y acabará con los burgueses, y con los bares también.

En este caso, las *ideas* son socialistas, pero los *sentimientos* son mucho más amplios, y compartidos con gente insospechada. Por ejemplo, aunque sus racionalizaciones del mundo sean completamente distintas, las monjas que viven en un convento en el mismo barrio de nuestro hipotético militante tienen una sentimentalidad muy parecida. Sus vidas son similares: también son austeras, también se irritan contra el alcohol, el sexo y los disfrutes mundanos, también sueñan un futuro de seres perfectos, y también imaginan un gran momento de regeneración, como un fuego que acabe con los pecadores, cuando llegue el juicio final. De hecho el socialista, aunque no lo sospeche (y aunque sea furiosamente ateo), tiene una estructura de sentimiento formada por siglos de cristianismo. Quizás por ello hubo tanta circulación entre cristianismo "social" y socialismo. Piénsese si no en aquellas ideas hoy olvidadas de Cabet —uno de los principales líderes del comunismo francés de mediados del s. XIX— del socialismo como "verdadero Cristianismo", o en la enorme cantidad de cristianos cuyo paso al socialismo fue poco más que un cambio de Iglesia. En estos casos, adaptando las racionalizaciones explícitas para ponerlas más en sintonía con los tiempos, una misma estructura de sentimiento consiguió permanecer. De hecho, de tal estructura de sentimiento no se deriva necesariamente una opción política unívoca: sintiendo así se podría ser monja o militante, pero también elegir alguna otra secta religiosa, o quizás mudarse al Nuevo Mundo, donde decían que no había clases sociales, ni pecado, y que se podía empezar todo de nuevo.

Supongamos ahora que soy otra persona, también socialista y del siglo XIX. Me junto con mis compañeros luego del trabajo, y nos encanta beber hasta casi embriagarnos, jugar a las cartas, corretear a las muchachas y bailar hasta caer de cansancio cuando hay fiestas cerca del mercado. Discuto con mis compañeros del trabajo que hay que organizarse en un sindicato y obligar a los patrones a pagarnos más. Imagino que en el futuro todos los trabajadores nos organizaremos en un gran sindicato, y que ese día mandaremos a la mierda a todos los patrones y tomaremos las fábricas, y ya no seremos tan pobres, ni trabajaremos tantas horas, y ya no habrá tanto odio y habrá fiestas todos los días. Por eso, cada vez que puedo, hablo con mis compañeros y trato de convencerlos de que se unan al sindicato. No me gustan mucho los libros, y desconfío un poco de los que se la pasan leyendo, ¡qué saben ésos!, y además me tienen cansado con eso de que no está bien tomar cerveza ¡parecen curas! Después de todo, un día me voy a morir, y quiero pasarla bien mientras estoy acá, que para pasarla mal ya tengo el trabajo. ¡Y se está tan bien bebiendo con los compañeros!

En este caso las *ideas* son igualmente socialistas, pero los *sentimientos* son muy distintos de los del socialista "austero". El trabajador del segundo caso siente al mundo en forma quizás más parecida a la del grupo de jóvenes ricos que se junta en un cenáculo en otra parte de la ciudad, y que sueñan con ser artistas de vanguardia, y que odian la hipócrita moral burguesa y el culto al dinero, y sobre todo la temperancia. En sus reuniones beben licores, fuman opio, se cuentan sus aventuras sexuales y recitan poemas hasta quedarse dormidos. No les gustan mucho las teorías, ni las filosofías, ni los profesores. Les encanta el ridículo, el grotesco y los gestos desproporcionados. Sueñan que quizás el mundo podría un día ser así, como un gran cenáculo de amigos artistas. Sus ideas no son socialistas, y sus preocupaciones son más estéticas que otra cosa. Y, sin embargo, su estructura de sentimiento se parece bastante a la del obrero (y a su vez a la que en la Edad Media floreció en los resquicios de la cultura cristiana, entre los Goliardos, en los carnavales, en Rabelais). Quizás por eso unos años más tarde habría tanta circulación entre artistas de vanguardia y los movimientos socialistas. ¿Llevaba necesariamente este tipo de sentimentalidad a la elección por el arte y el socialismo? No: uno podría haberse contentado con ser un feliz libertino al margen de la sociedad, o quizás con ser un artista de vanguardia y canalizar el desprecio por la moral burguesa en el movimiento fascista, como hicieron los futuristas italianos. Con casi las mismas ideas y sentimientos, sin embargo, los futuristas rusos apoyaron fervorosamente a los Bolcheviques.

Como estos ejemplos podrían citarse muchos otros: hay muchas más formas de sentimentalidad con muchas más y curiosas vinculaciones con las opciones políticas. Lo que es importante tener en cuenta es que quizás los dos "tipos" de socialistas –llamémosles el "austero" y el "hedonista"– podrían haber hecho política juntos, pero aun así difícilmente habrían sido *amigos*. Por otro lado, si bien existe una cierta *indeterminación política* de las formas de sentimentalidad, esto no quiere decir que los sentimientos y las ideas sean mutuamente neutros, es decir, que *cualquier* sentimiento pueda ir con *cualquier* idea, o que cualquier estructura de sentimiento le sea igualmente aceptable al proyecto socialista. Creo que varias formas de sentimentalidad pueden coexistir dentro de la izquierda, y que no es cuestión de establecer reglas estrictas al respecto. Sin embargo, sí existen algunas estructuras de sentimiento que pueden hacer el camino hacia la emancipación más complicado.

El problema del romanticismo

Delimitada ya la problemática de los sentimientos en política, volvamos a la propuesta de González de enriquecer la cultura de izquierda.

No cabe ninguna duda de que muchos elementos de la sentimentalidad romántica pueden ser y han sido positivos para la tradición socialista, como complemento intelectual y emotivo de su herencia ilustrada. Otros quizás le sean indiferentes. Pero hay *algunas* estructuras de sentimiento románticas que tienen un valor *en sí* profundamente contrario a un socialismo deseable. Conviene una breve digresión antes de pasar a analizarlas.

Tal como González nos recuerda, Michael Löwy se ha dedicado a mostrar los intensos contactos que existieron entre socialismo y Romanticismo, y cómo éste fue para muchos una importante vía de acceso a la militancia socialista. Acuerdo con esto en general, y no veo ningún motivo para contraponer hoy Romanticismo e Ilustración, como si fueran necesariamente antagónicos, y como si hubiera que optar por el uno o por el otro. Dicho esto, sin embargo, podrían hacerse un par de observaciones a la tesis de Löwy. En primer lugar, analizando correctamente los puntos de contacto con el socialismo, Löwy no se ocupa de explicar por qué el Romanticismo derivó con muchísima más frecuencia hacia posiciones de extrema derecha. Creo que el motivo de esta omisión tiene que ver con mi segunda objeción: la propia definición de Romanticismo que

Löwy utiliza. En efecto, para este autor el Romanticismo es una *Weltauns-chauung* (visión del mundo), una "estructura significativa" no necesariamente consciente que subyace en una gran variedad de contenidos y formas, y que consiste en "una crítica de la modernidad, es decir, de la civilización capitalista moderna, en nombre de valores e ideales del pasado"; por ello el Romanticismo "es por esencia anticapitalista".[2] El problema con esta definición es que no se corresponde con el fenómeno histórico de lo que en el siglo XIX se llamó Romanticismo. Existen muchos ejemplos de crítica a la modernidad apelando a valores del pasado, que sin embargo no cuestionaron el capitalismo *per se* sino sólo al proceso de individuación que supuso la modernidad; por otro lado, no todos los románticos apelaban al pasado, como bien señaló Berlin, sino que algunos tenían su mirada claramente puesta en el futuro.[3]

No intentaré proponer aquí una definición alternativa de "romanticismo": a pesar de los varios intentos que hubo hasta la fecha, considero que el gran historiador de las ideas, Arthur Lovejoy, tenía razón cuando decía que se trata en realidad de varios fenómenos irreductibles a un común denominador.[4] La definición de Löwy tiene el problema de que, al reducir todo el movimiento romántico a uno de sus componentes –la búsqueda de modelos de sociedad en el pasado–, promueve una evaluación un tanto ingenua y complaciente hacia *la totalidad* de los elementos culturales del Romanticismo.

Una vez cuestionada la unicidad del fenómeno del romanticismo, podremos entonces evaluar cuáles elementos rescatar y cuáles no. Porque el movimiento romántico presentó una gran cantidad de nuevos elementos culturales y sentimentales, a veces contradictorios: el elogio de lo primitivo, lo no regulado, lo joven, el sentido exuberante de la vida, pero también la fiebre, la enfermedad, la decadencia, la muerte. La multiplicidad inextinguible, la turbulencia, la violencia, el conflicto y el caos, pero también la paz, la armonía con el cosmos, la unidad consigo mismo, la disolución en el espíritu eterno. Lo raro, exótico, grotesco, misterioso, sobrenatural, castillos encantados, vampiros, los poderes de la oscuridad, el terror, lo irracional, lo innombrable, pero también la familia, la tradición, la dicha de la vida cotidiana y la naturaleza, la paz del

---

[2] LÖWY, Michael & SAYRE, Robert: *Révolte et mélancolie. Le romantisme à contre-courant de la modernité*, París, Payot, 1992. pp. 27, 30-31, 44-45.

[3] BERLIN, Isaiah: *The Roots of Romanticism*, Londres, Chatto & Windus, 1999, pp. 16-18. [Existe traducción al castellano]

[4] Ver LOVEJOY, Arthur: "On the Discrimination of Romanticisms", en *Essays in the History of Ideas*, Baltimore, John Hopkins University Press, 1948.

campo, la simpleza del hombre del pueblo. Lo antiguo, lo gótico, lo histórico, las lealtades profundas pero inexplicables, pero también la búsqueda de lo nuevo, del cambio revolucionario, vivir en el presente, el instante fugaz o lo intemporal. La nostalgia, los sueños intoxicantes, alienarse en paisajes lejanos, la melancolía del exiliado, pero también la cooperación con los demás en un esfuerzo en común, el sentido de pertenencia, la aceptación de una jerarquía y de lazos sociales orgánicos. Un misticismo naturalista extremo, pero también un esteticismo anti-natural extremo. La energía, la fuerza y la voluntad, pero también el torturarse a uno mismo, suicidarse. Lo primitivo y rudimentario, lo simple y natural, pero también la sofisticación, el dandysmo, la preocupación por vestirse moderno y pintarse el pelo de azul. El exhibicionismo y la excentricidad, el heroísmo, las almas malditas, el cinismo, la risa satánica, pero también Dios, los ángeles, el orden cristiano y eterno. Individualismo y colectivismo, pureza y corrupción, revolución y reacción, guerra y paz, amor a la vida y amor por la muerte. Todo esto –según el listado de Berlin– fue el Romanticismo.[5]

De todo este contradictorio conjunto de elementos, algunos me seducen, otros me son indiferentes, algunos otros me provocan rechazo (aunque no necesariamente buscaría erradicarlos: me alcanza con moderarlos o no fomentarlos); pero hay unos pocos que, creo, precisan ser combatidos sin tregua dentro de la política emancipatoria. Se trata de aquellas estructuras de sentimiento que buscan *revertir* el universalismo y el proceso de individuación que supuso la Modernidad (y el anti-fundacionalismo del pensamiento radical actual, que es herencia directa de la Ilustración). Para decirlo más claramente, me refiero a las "sospechas" básicas que definen la condición moderna: que somos todos parte de una única y misma especie, que la realidad primordial de esa especie es que somos todos individuos naturales (es decir, simples bípedos implumes que vivimos en sociedad, antes que entidades ideales, sean individuales o colectivas), y que no existe un orden metafísico en el cual fundar u orientar nuestras acciones, por lo cual es necesario establecer algún tipo de forma deliberativa para tomar las decisiones que afecten al todo social.

Para una civilización educada en la religión, estas nuevas ideas de la Modernidad supusieron un enorme cambio en la *sentimentalidad*. De pronto, la certeza de un mundo fundado en un principio trascendente, firme e incuestionado, cedió su lugar al vacío de saberse solo en el universo, y a la angustia por la experiencia de la fragmentación, es decir, la ausencia

---

[5] Ver Berlin, op. cit.

de una unidad *a priori* y estable entre los hombres. Angustiantes o no, estos sentimientos nos acompañan hasta hoy; cada cual busca lidiar con ellos como puede: el Romanticismo ofreció un vasto conjunto de estrategias para hacerlo.

De todo ese conjunto, existen dos tipos de sentimentalidad romántica que me resultan contrarios a cualquier socialismo deseable, justamente porque constituyeron reacciones *en contra* de esos tres puntos mínimos que definen la condición moderna. El primero de ellos es el que buscó reencontrar la unidad perdida *disolviendo* al individuo en alguna forma de *comunidad*. La comunidad podía reencontrarse en la religión o en la creencia compartida en algún otro tipo de mito, como el de la nación, la raza, el pueblo, la clase redentora, la Revolución, etc. Esto no quiere decir, naturalmente, que esté necesariamente mal creer en Dios, sentirse parte de una nación, ni mucho menos desear hacer una Revolución, o querer organizar algún tipo de comunidad superadora del individualismo liberal, como bien propone Löwy (de hecho, opino que construir una nueva *comunidad* fundada en la realización del individuo, o lo que es lo mismo, hacer una *Revolución*, es el objetivo irrenunciable de cualquier política que pretenda llamarse emancipatoria). A lo que me refiero es al momento en que esas formas de comunidad imaginada se sitúan en un plano trascendente, exigiendo así a los individuos que renuncien a su autonomía y se entreguen incondicionalmente a los mandamientos que tal mito instituye. En el plano de la sentimentalidad, existe una estructura de sentimiento típica de esta renuncia, que llamaré *ethos espartano*, y que está centrado en la austeridad, la represión de los deseos y los intereses individuales, la proyección total de uno mismo en la imagen de la comunidad futura y el desprecio del presente, la intolerancia hacia aquellos que no *creen* o que no consiguen reprimir totalmente su dimensión individual, y una mentalidad dominada por el motivo de la guerra o de la defensa contra un "enemigo" (cuya presencia real o virtual es siempre necesaria para reforzar la fe). Este tipo de sentimentalidad la comparten, por ejemplo, nacionalistas, socialistas, religiosos y sectarios de diversos tipos, sin que esto quiera decir que todos ellos *necesariamente* deban vivir de acuerdo a esta estructura de sentimiento.[6]

El segundo tipo de sentimentalidad romántica que me resulta hoy inaceptable es la que busca restaurar la unidad perdida eliminando el momento de la sociedad, para así establecer una conexión directa, sin

---

[6] Horacio Tarcus analizó la dimensión sociológica y organizativa de este sentimiento en "La secta política", *El Rodaballo*, no. 9, verano 1998-99.

mediaciones, entre el individuo y el cosmos. En esta cosmovisión, la *persona* es la expresión primordial de un orden cósmico, de *la vida* o de la energía creadora que da forma al caos; por ello, cada persona es una unidad en sí misma, que no requiere pasar por ninguna forma de sociedad para acceder a la Verdad, o para *crear* la verdad. El conocimiento en su forma argumentativa o la deliberación con los congéneres son así despreciados en favor de la intuición, de la voz de lo supremo en nuestro interior, o de la voluntad creadora. En el plano de la sentimentalidad esta estrategia antimoderna suele manifestarse de varias formas. Una puede ser el aislamiento, el silencio, la contemplación, el refugio en la vida interior. Otra, la exaltación del individuo fuerte, el culto a la voluntad y a la locura creativa, al peligro y a la energía, los excesos, la mueca cínica hacia los simples mortales que carecen de genio o que pierden su tiempo hablando o tratando de conocer. En general supone un fuerte pesimismo respecto del presente y de los hombres, con los que se rechazan los contactos en pie de igualdad; la validez de toda regla o pauta social es puesta en cuestión, no en favor de nuevas reglas, sino de la autonomía irrestricta del individuo (no de todos, sino de los que la merecen). Entre las reglas así rechazadas se diluye cualquier interés por la responsabilidad en las acciones, o por su justeza. Importa el compromiso, la férrea convicción en la persecución de un ideal más que el ideal en sí mismo. Los motivos y razones ceden paso al gesto, a la estetización de los comportamientos; no importa ya hacia dónde se empuja: lo que importa es empujar. Es la estructura de sentimiento básica de artistas malditos, de jóvenes nietzscheanos, de anarquistas individualistas, de terroristas solitarios y de varios tipos de elitismo y vanguardismo, y puede combinarse de varias formas con la sentimentalidad comentada antes, es decir, con la imagen de una comunidad que no es sino el reflejo narcisista de uno mismo.

Estos dos tipos de sentimentalidad, aun en sus formas conscientemente ateas, derivan históricamente de la sentimentalidad religiosa. En el caso del comunitarismo anti-individualista, el vínculo es evidente: se trata de una encontrar una nueva forma de *religio*, una comunidad religada en torno de una entidad metafísica. En el caso del "personalismo", del individuo como un cosmos completo e independiente en sí mismo, el vínculo no es menos claro: procede del Protestantismo y su rechazo a la autoridad en materia de religión basado en una apelación a la luz interior, que permitiría un contacto directo, no mediado, con el Creador.[7]

---

[7] Ver capítulo "From Protestantism to Romanticism", en MORSE, David: *Perspectives on Romanticism*, Londres, Macmillan Press, 1981. pp. 102-178.

Pasó a formar parte del universo Romántico, en Alemania, de la mano del movimiento pietista (a su vez una derivación del Luteranismo).[8] Las consecuencias elitistas y antisocietarias de esta perspectiva pueden verse en autores tan diferentes como Nietzsche y Berdiaev.

Quisiera argumentar que, a pesar de que *en el plano teórico* de las racionalizaciones las ideologías de izquierda estuvieron y están profundamente dominadas por la herencia de la Ilustración –González tiene razón en este punto–, en *el plano de los sentimientos* la cultura de izquierda está marcada por tipos de sentimentalidad que son claramente románticos (incluso en las dos peores formas recién reseñadas). En la psicología sectaria y la intolerancia, en la austeridad espartana y el desprecio por la vida privada y los placeres del mundo material, en la idea del "hombre nuevo" y el menosprecio del hombre realmente existente, en el culto a la lucha sin importar sus resultados prácticos, en la estetización de la violencia, en la despreocupación por toda cuestión ética y por la responsabilidad en las acciones, en el autoritarismo, la veneración por los textos sagrados y el imaginario milenarista, en la espera de la Revolución y la eliminación de la política de "lo posible", la cultura de izquierda está repleta de elementos de la sentimentalidad romántica. Más allá de las ideologías explícitas, con no poca frecuencia, en el plano de los sentimientos, la política de izquierda se ha parecido, *mutatis mutandis*, a la relación típica del héroe de la literatura romántica con el amor y las mujeres. El héroe romántico, desesperado por encontrar el amor auténtico, se embarca en la búsqueda de una mujer de ensueños que es la sombra terrena de un ideal trascendental. Como un ideal autogenerado, la mujer cobra la identidad de la concepción intuitiva del héroe respecto de la verdad y de la belleza. En otras palabras, ella es una proyección narcisista, una diosa incorpórea inalcanzable que consume a su amante. El héroe suplica a la diosa que así crea, y se embarca en un amor estéril y narcisista que priva a la mujer de identidad y corroe la virilidad masculina.[9] Indudablemente, el recurso es efectivo desde el punto de vista estético y del de la autosatisfacción personal, y una y otra vez se lo utiliza para invitar al *gesto* radical y para llenar de sentido vidas de otro modo vacías; pero es dudoso que sirva para hacer política *de verdad*.

---

[8] Ver Berlin, op. cit, pp. 36-38.

[9] Ver WILSON, James D.: *The Romantic Heroic Ideal*, Baton Rouge, Louisiana State University Press, 1982, p. 194.

Sentimentalidad democrática: ¿sentimentalidad burguesa?

Las estructuras de sentimiento que en general predominaron en la cultura de izquierda y en varias de las vertientes del Romanticismo, tenían un enemigo en común: les repugnaba la moderación, la sensatez, el diálogo, la negociación, la tolerancia, la responsabilidad, el respeto por los demás, el sentido común, los intereses privados, el confort. Todos estos elementos eran percibidos como parte de la actitud típicamente "burguesa". Sin embargo, existe, entre la sentimentalidad que configuran esos valores y la ideología burguesa, una relación que no es de pura correspondencia. De hecho, mucho de aquella sentimentalidad resulta indispensable si de lo que se trata es de fundar hoy un proyecto anticapitalista deseable. Quisiera proponer que el tipo de sentimentalidad en cuestión no es esencialmente burgués sino *democrático*, y que surgió en el contexto de la política democrática de la polis de los antiguos griegos. Si hoy la percibimos como "burguesa", es porque la ideología liberal-burguesa efectivamente *colonizó* esta estructura de sentimiento, obliterando así su origen radicalmente igualitarista y democrático. Acompáñeme el lector en un viaje a la antigua Grecia, ida y vuelta, con escalas en los siglos XVIII, XIX y XX en busca de la verdadera sentimentalidad de los iguales.

Primer momento: la invención de la política

Lo que he llamado "sentimentalidad democrática" (quizás sería mejor llamarla "igualitarista", para no confundirnos con la democracia tal como la entendemos hoy) se manifestó por primera vez, hasta donde sabemos, entre los inventores de la política y la democracia: los atenienses. Conviene, entonces, comenzar por señalar el enorme cambio que supuso en esa época la irrupción de la política democrática. La polis fue una forma de organización completamente nueva, hasta entonces inédita. En la polis, "el Palacio y el Rey son reemplazados por una comunidad de hombres libres o *ciudadanos* –sea cual fuere la porción de la población que la constituía– que representa y encarna al *estado*. Es este principio de ciudadanía –que recubre las diferencias cualitativas que pudiera haber entre los hombres con una misma identidad cívica– y la identidad entre estado y cuerpo de ciudadanos, lo que es la característica única de la polis". En la medida en que el principio de igualdad entre los ciudadanos suspendía, en el terreno político, la desigualdad social entre trabajadores y no-trabajadores, la política así nacida "brindó a las clases trabajadoras[10] una libertad y un poder que nunca antes habían poseído y que en muchos sentidos nunca más recuperarían". En este sentido, por todo lo que hoy uno pueda decir –y con razón– que la igualdad política es sólo un sustituto de la igualdad real, no hay que perder de vista que la separación de una esfera de lo político de la esfera de lo privado (*polis/oikos*) fue un enorme avance en el sentido de la lucha por la igualdad.[11]

Lo que es importante para nuestros propósitos es que esta nueva forma socio-política estuvo apoyada en una *cultura* particular. En efecto, la democracia ateniense estaba basada en una imagen del hombre novedosa, no metafísica sino histórico-natural, que procede del impulso científico de los griegos. Esta imagen parte del hombre natural en tanto especie compuesta por individuos iguales entre sí: igualitarismo y universalismo son así fundamentales. Una de las consecuencias de esta antropología es que las reglas sociales aparecían "menos como principios que como convenciones, que no encarnan leyes eternas escritas en el Cielo o grabadas en la naturaleza espiritual del hombre, sino que son acuerdos elaborados en común por los propios hombres en respuesta a necesidades colectivas". Las leyes, por ejemplo, se concebían como aquello que aparecía toda vez que dos hombres entraban en relación, estableciendo un sistema de derechos que ellos mismos definían en su asociación (y no como un conjunto de principios fijo, independiente de tiempo y lugar), y que por ello era variable. Finalmente, este tipo de antropología y de política iban acompañadas de determinadas pautas culturales, que es lo que a nosotros nos interesa. Entre ellas, cabe señalar la valoración del consenso como "armonía de intereses distintos" en buena voluntad y entre iguales (que por serlo están dotados de una capacidad espontánea para establecer relaciones de amistad), la legitimidad de tener intereses materiales diferentes (que por ello deben negociarse con un sentido de utilidad y filantropía, que para los griegos suponía moderación del egoísmo pero sin llegar a un puro altruismo) y la necesidad de establecer relaciones

---

[10] La expresión de "clases trabajadoras" es cita del libro de los Wood (ver infra). Para no caer en anacronismos, deberá recordarse que refiere a aquellos que emplean trabajo manual o personal para ganarse la vida, como lo opuesto a la situación de la aristocracia.

[11] MEIKSINS WOOD, Ellen & WOOD, Neal: *Class, Ideology and Ancient Political Theory. Socrates, Plato and Aristotle in Social Context*, Oxford, Basil Blackwell, 1978, pp. 26, 41, 74. No se me escapa, sin embargo, que la distinción que hace hoy la teoría política liberal entre las esferas de lo público y lo privado es insostenible y completamente ideológica. Me refiero estrictamente al hecho empírico de que la vida política dejó de estar superpuesta perfectamente a la posición de las elites económicas, o de estar definida sólo por criterios de nacimiento.

justas e imparciales para todos. En esta cultura, la palabra, el deliberar entre iguales (es decir, la política), tenía un valor primordial. Este tipo de sentimentalidad –que es producto y productora de la democracia entendida como igualdad– puede encontrarse en los filósofos no-socráticos como Demócrito o Protágoras, y en varios poetas. Sin duda formaba también parte de la cultura popular.[12]

Segundo momento: la colonización aristocrática

La lógica de la expansión de esta antropología, esta política y esta sentimentalidad democráticas fue reduciendo rápidamente en Atenas el peso social y político de la antigua nobleza –los "mejores" (*aristoi*)–, formada por una aristocracia terrateniente que se vio crecientemente desplazada por el *demos*, esa chusma de mercaderes, artesanos, productores de manufacturas, comerciantes y trabajadores. En este contexto, un grupo de jóvenes filósofos pertenecientes a esa aristocracia, los Socráticos, construyó un sistema de pensamiento para defender los valores y forma de vida de su clase en decadencia, y contener el avance nivelador de la democracia, la "tiranía de las mayorías", y la vulgaridad mercantil que, sentían, estaba corroyendo a Grecia. Pero no lo hicieron sencillamente afirmando sus viejos valores (nobiliarios) y negando los nuevos (democráticos), sino construyendo una filosofía que aceptaba *nominalmente* los motivos de su adversario, pero localizándolos de forma tal de vaciarlos sutilmente de contenido. Como bien señalaron Neal y Ellen Meiksins Wood, la intención de reinsertar la igualdad dentro de una concepción jerárquica es lo que anima el proyecto filosófico conservador de Sócrates, Platón y Aristóteles.

Simplificando enormemente, los pasos de esta operación fueron los siguientes. En primer lugar, Sócrates ligó lo político a una particular concepción del conocimiento. Para él "una buena decisión está basada en el conocimiento y no en el número [es decir, la mayoría]". Ahora bien, el conocimiento verdadero tiene que ir más allá de las "existencias sensibles", es decir, aquello que se percibe con los sentidos: debe acceder a la "realidad metafísica", que es el ser, la esencia o naturaleza de una cosa, oculta tras sus múltiples manifestaciones visibles. Por ello, el terreno del conocimiento es diferente del de la mera *opinión*; para conocer es preciso tener una mente desapasionada capaz de realizar análisis riguro-

---

[12] HAVELOCK, Eric A.: *The Liberal Temper in Greek Politics*, New Haven y Londres, Yale University Press, 1964 [orig. 1957], pp. 29-30, 399-401, 310, 308, 377, 33.

sos que vayan más allá de la confusión del mundo de lo sensible. Ahora bien, para Sócrates el conocimiento es una disciplina (*techne*) como otras: así como hay carpinteros y zapateros, hay quienes se especializan en el conocer. Pero es una disciplina especial, ya que es la que permite acceder a la *virtud*: el *conocimiento de la virtud* es lo único que hace falta para actuar virtuosamente. Naturalmente, para Sócrates esto quería decir que la política no debe ser definida en el terreno de la opinión, que es el de las múltiples y confusas apariencias del mundo sensual, sino que en el del conocimiento y la virtud.

Aquí es donde entra en juego el ataque a la cultura democrática. Porque Sócrates deja en claro que el conocimiento/virtud no está al alcance de todos, pues requiere "desapasionamiento", tiempo libre para el estudio y constante auto-examen. El hombre común que trabaja para ganarse la vida no sólo no tiene tiempo, sino que está ligado en cuerpo y alma al mundo material, al mundo de las necesidades. El conocimiento, por el contrario, es y requiere liberación del mundo de las apariencias y de las necesidades. No es que el hombre común no pueda llevar una vida moral, pero sólo puede hacerlo en un plano inferior al del ideal socrático. Así, la política es transformada en una *actividad filosófica* que reemplaza a la *política pragmática* de la polis, basada en la igualdad, el sentido común, la deliberación y el consenso. La política debe ser manejada por aquellos que tienen el conocimiento y la virtud en su más alto grado. Naturalmente, quienes cumplían con estos requisitos eran los aristócratas, no sólo porque tenían el tiempo libre y la necesaria distancia respecto del mundo de las necesidades (indispensable para acceder al conocimiento), sino porque las virtudes quedaban definidas en forma *teológica*, como un deber ser fijo y exterior a la elección de los sujetos, y que curiosamente correspondía con los ideales y valores culturales de la aristocracia. La superposición entre *virtudes* deseables y valores de la aristocracia es particularmente visible en el listado que ofrece Platón: "gentileza, gracia, refinamiento, cultura" como lo opuesto de los *vicios*, que son claramente atributos del *demos*: "vulgaridad, ordinariez, insolencia, presunción, tosquedad".[13]

Pero fue Aristóteles quien ofreció la versión más sutil de esta estrategia conservadora, al evitar un rechazo a la igualdad que fuera demasiado explícito (como en Platón). El razonamiento de Aristóteles es el siguiente: dado que los hombres comunes en general son incapaces de obrar según una moral virtuosa, la política trata de adaptar los asuntos de la

---

[13] MEIKSINS WOOD, Ellen & WOOD, Neal, op. cit., pp. 2-5, 98, 103-106, 155.

polis a esa condición, eligiendo siempre el mal menor sin hacer intentos de llevar a los hombres a la perfección. Por otro lado, ya que el mundo natural es una sucesión jerárquica que comienza en lo inanimado, y continúa en las plantas, los animales, los hombres y, finalmente, los dioses, esta jerarquía supone funciones, y en cada caso el ser superior está moralmente habilitado a dominar al inferior. Esta jerarquía del cosmos es fija e inmutable. Como es sabido, Aristóteles cree que algunos humanos son naturalmente superiores a otros, y en la superioridad de algunos el "buen nacimiento" y la riqueza —especialmente la heredada, y no la de los nuevos ricos— son fundamentales. En el otro extremo (sin contar a los esclavos, que son cosificados) Aristóteles sitúa a los pobres, los que realizan labores manuales, los que trabajan en relación de dependencia, y los comerciantes que compran y venden en el mercado. Tal como en Sócrates, esta categoría de gente es incapaz de acceder a la virtud, y Aristóteles preferiría que fueran despojados de la ciudadanía. Su ideal político reside en el gobierno de los más capaces, con el apoyo social de la "clase media" (que en su definición corresponde sólo a los medianos propietarios de tierra y no a algún grupo urbano). La *politia* que Aristóteles así diseña como forma de salir de la crisis política en la que se encontraba Grecia —y cuyo origen él percibía claramente en la lucha entre clases sociales— es una mezcla de elementos democráticos y oligárquicos, apoyada en la clase media rural, para contrarrestar la influencia del *demos* urbano.[14]

Lo que importa para nosotros es que Aristóteles, en su empresa conservadora, propuso un cambio en la antropología igualitaria que formaba el núcleo de la cultura y la sentimentalidad ateniense. En efecto, contra la ética democrática, basada en la idea de "igualdad humana" y de "filantropía" que supone una tendencia espontánea e inevitable de los hombres hacia la amistad/concordia, Aristóteles argumentó en su *Ética* que ésta, lejos de ser espontánea e inevitable, era una *virtud* (teleológica) y, como tal, el producto de un esfuerzo, de una cultura. Sólo las personas completamente virtuosas —i.e., los aristócratas— son capaces de expresar una amistad/concordia perfectas. Así, Aristóteles disuelve el concepto de filantropía universal entre seres humanos iguales, dividiéndolo en tres formas de concordia tomadas del modelo de la familia: la benevolencia autoritaria (propia de la relación padre-hijo), la conducción aristocrática (propia de la relación entre marido y esposa) y, finalmente, el espacio de la lealtad entre iguales (propia del vínculo entre hermanos). A través

---

[14] Idem, pp. 216, 219-221, 241-244.

del modelo de la familia, Aristóteles intenta contrarrestar el igualitarismo de la esfera de lo político y la antropología democrática.

Una operación semejante es la que Aristóteles realiza con la idea democrática de "consenso" como aplicación de la buena voluntad y armonía de las partes. Aristóteles opina que no puede haber verdadera armonía entre la aristocracia y las clases menores; sólo puede haber una aceptación de que los elementos superiores deben gobernar, y es a esto a lo que debe llamarse "consenso", ya que la verdadera armonía, como vimos, sólo puede darse entre los elementos aristocráticos. Por ello, Aristóteles deja de lado el tema de la formación de *opiniones* en las cuestiones políticas; así, el rol verdaderamente político del *demos* es abolido. En su lugar, la clase alta se une en una congruencia que no es opinión, sino convicción moral (de la cual tienen el monopolio). El objetivo de este cambio de perspectiva, naturalmente, es eliminar el componente universalista e igualitario que implicaba describir la democracia como el encuentro de las mentes de ciudadanos iguales que deliberan entre ellos y arriban a decisiones.

Finalmente, munido de esta nueva antropología y de su idea de las virtudes, Aristóteles se ocupa de la idea de igualdad política. Lo sutil de su argumentación reside en que, lejos de rechazarla, Aristóteles se la reapropia en su idea de "igualdad proporcional", que es entendida como "correspondencia" o "proporción" de los beneficios y atribuciones de acuerdo a las desigualdades fundamentales que existen entre los hombres.[15]

Resumiendo, el proyecto conservador de los socráticos buscó colonizar la cultura democrática subvirtiendo sus propios conceptos. Contra la opinión, la deliberación entre iguales, el sentido común y el establecimiento de consensos a medida de cada situación, los socráticos opusieron una idea metafísica del conocimiento (que lo alejaba de la gente común), una idea teleológica de las virtudes y de la educación en la virtud (que prefería, antes que al hombre realmente existente, la imagen fija de un deber ser proyectada al futuro) y la idea de ley como norma metafísica de justicia (que alejaba el establecimiento de las leyes de la deliberación política). En este esquema, la moderación dejaba de ser una parte necesaria de la filantropía —es decir, el considerar los intereses del prójimo en una relación entre iguales— para pasar a ser algo distinto. Combinada en Aristóteles con la doctrina de las virtudes, la moderación pasó a ser entendida como el "justo medio" en todas las cosas, una con-

---

[15] HAVELOCK, op. cit., pp. 297, 299, 301, 325, 310-313, 328.

cepción que conviene analizar con mayor detenimiento, ya que es uno de los elementos culturales más importantes del sentido común actual.

Moderación como "justo medio"

En nuestra cultura circulan una serie de imágenes acerca de la moderación como "justo medio" entre los *extremos*, a los que se califica como una conducta *inmoderada*. "Los extremos son malos", "los extremos se tocan", son frases del sentido común que expresan un aristotelismo inconsciente, y que cargan consigo la operación ideológica que los socráticos alguna vez diseñaron, y que la ideología liberal-burguesa retomó muchos siglos después. Veamos cómo funciona.

Como señalamos más arriba, Aristóteles estableció una serie de virtudes teleológicas, es decir, pautas ideales de comportamiento que se consideran como correctas en sí mismas, más allá de tiempo o lugar, y en las que los hombres deberían educarse. Como también hemos visto, estas virtudes reproducían las pautas de conducta y los valores de la aristocracia griega, y rechazaban las conductas y valores del *demos*, considerados como vicios. En su doctrina del "justo medio", Aristóteles argumentó que tales virtudes –coraje, autocontrol, generosidad, magnificencia, gentileza, gracia, etc.– representaban el punto medio entre un exceso y una deficiencia, y que, por ello, vivir virtuosamente significa llevar una vida de moderación. La virtud o excelencia del carácter, según Aristóteles, se define en aquello que "es relativo a una elección, que yace en el medio, es decir, en el medio relativo a nosotros, siendo éste determinado por los procedimientos racionales por los cuales un hombre sabio (*phronimos*) lo determinaría". Así, si fuéramos sabios, en teoría, observaríamos las conductas extremas (en exceso y en defecto), y así determinaríamos un punto medio, que no necesariamente debe entenderse como una proporción aritmética perfecta, sino como un equilibrio aproximado. Por ejemplo, respecto de la virtud del coraje, se determina como un punto medio entre el ser miedoso y el ser temerario. Ahora bien, como los comentaristas de Aristóteles han señalado, es una curiosa simetría que todos los comportamientos puedan errar en dos y sólo dos formas (por exceso o defecto). Como sostuvo Rosalind Hursthouse, se trata de una falsa doctrina del "medio": la virtud, en realidad, no está en el medio de nada. Actuar mal no siempre es mostrar una inclinación "demasiado", o "muy poco": es sencillamente actuar mal. Por ejemplo, tener coraje no es un equilibrio entre el miedo y la temeridad, sino hacer lo correcto en la circunstancia apropiada, aun si hay riesgos. La temeridad no es tener demasiado coraje, ni muy poco miedo, sino hacer algo que el sentido común indica que debería no hacerse, porque implica riesgos que no están en relación con los posibles beneficios. Más aún, no puede establecerse cuáles son las conductas "extremas" sin establecer primero cuál es el "medio", lo adecuado. El "medio" no se calcula de acuerdo a una relación óptima entre "extremos", sino que pre-existe a los extremos, definiéndolos.[16] La doctrina del medio es una *metáfora*, que traslada al plano de la ética y los comportamientos algunas observaciones del mundo natural que Aristóteles y que todos nosotros realizamos día a día: que si algo no está en equilibrio se cae, que no es bueno comer mucha cantidad pero tampoco comer muy poco, etc. Lo importante es que esta metáfora "naturaliza" la definición de lo virtuoso (una definición que, como vimos, procede del estilo de vida aristocrático). Decir que una pauta de comportamiento de una clase social dominante es "el justo medio", es otra forma de decir que es lo natural, lo objetivamente mejor, y que debe ser obedecida sin cuestionarse. Así, "ser moderado" –que en la cultura democrática era considerar también las necesidades del prójimo y no centrarse egoístamente en los deseos propios– pasa ahora a significar actuar de acuerdo a los valores de la clase dominante. El círculo está cerrado: la ética aristocrática colonizó así el lenguaje de la ética democrática.

Lo extraordinario de este dispositivo –tan simple y sin embargo tan efectivo– es la manera en que se presta para traducirlo en política concreta. Ya Aristóteles lo hizo en su época, al inventar el concepto de "clase *media*", trasladando así a un grupo social determinado las virtudes políticas de representar "el justo medio". Demás está decir que este grupo no estaba situado "en el medio" de nada, ya que la sociedad no es una cantidad, ni tiene un volumen o una forma de la que pueda establecerse un "centro" o "medio". Aristóteles seleccionó a los medianos propietarios de tierra para investirlos con el título de "clase media", porque esperaba que ellos proveyeran un apoyo social para el modo de vida de la aristocracia

---

[16] Ver HURSTHOUSE, Rosalind: "A False Doctrine of the Mean", en Nancy Sherman (ed.): *Aristotle's Ethics. Critical Essays*, Lanham & Oxford, Rowman & Littlefield Publishers, 1999, pp. 105-119. El tema, sin embargo, está sujeto a disputas: ver HARDIE, W.F.R.: *Aristotle's Ethical Theory*, Oxford, Oxford University Press, 1980 (cap. VII: "Virtue as a mean", pp. 129-151); URMSON, J. O.: "Aristotle's Doctrine of the Mean", en Amélie Oksenberg Rorty (ed.): *Essays on Aristotle's Ethics*, Berkeley, University of California Press, 1980, pp. 157-170; WHITE, Stephen A.: *Sovereign Virtue. Aristotle on the Relation Between Happiness and Prosperity*, Stanford (CA.), Stanford University Press, 1992. y SALKEVER, Stephen G.: *Finding the Mean. Theory and Practice in Aristotelian Political Philosophy*, Princeton (NJ), Princeton University Press, 1990; BOSLEY, R. et all. (eds): *Aristotle, Virtue and the Mean, Apeiron* vol. XXV, n 4, dec. 1995.

rural y para la defensa de la propiedad y la autoridad contra el populacho urbano, y porque suponía que su posición social los habilitaba para llevar una vida aceptablemente virtuosa y los interesaba en los asuntos públicos, aunque no tanto como para excitar la ambición por el poder. Al nombrar una "clase *media*", Aristóteles trasladaba sobre ella su idea de la virtud como "medio" y, así, le otorgaba un lugar preponderante en la política.[17] Porque la política, en términos socráticos, no se trata de deliberar y alcanzar acuerdos entre iguales, sino de acercarse a un ideal moral pre-definido (aristocrático).

Tercer momento: la ambigüedad de la Ilustración

La filosofía de la Ilustración contiene aspectos universalistas e igualitaristas que la asemejan, en varios sentidos, a la cultura griega pre-socrática. Al mismo tiempo, también comparte algunos elementos con la antropología socrática. En el plano de la sentimentalidad, que es el que nos interesa aquí, la Ilustración dieciochesca elaboró una concepción de la felicidad entre los hombres tomando motivos de la antigüedad clásica y otros más tardíos. Como ideal de la vida del individuo en sociedad, los *philosophes* tendieron a proponer la concepción de felicidad como "mediocridad" o "medianía", que para ellos significaba un estado de equilibrio entre la abundancia y el ascetismo, entre posesiones y deseos. La mediocridad es la transposición a la sociedad de la idea de *reposo*, de *moderación* de las pasiones que permite al alma disfrutar de su inmovilidad o equilibrio. Implica una moral de la mesura, que consiste en aprovechar al máximo lo que se posee sin arriesgarse a grandes ganancias, que siempre pueden terminar en grandes pérdidas. Trasladada al plano de la política, la idea ilustrada de felicidad como medianía contiene una ambigüedad o indeterminación característica. Según Helvecio, por ejemplo, para asegurar tal estado de felicidad convendría fundir a ricos y pobres en una misma masa de hombres y mujeres en "medianía". Para otros menos dispuestos a atacar la propiedad, como Diderot, el ideal de medianía se realiza en *una* clase social en particular, la clase "acomodada", situada entre ricos y pobres. Como bien señaló Robert Mauzi, el ideal ilustrado de felicidad como mediocridad retoma varias influencias diferentes: el tema estoico de la impasibilidad del sabio, la temática epicúrea de la *aurea mediocritas*, la exhortación cristiana a soportar las pruebas que no involucren más que al cuerpo, el desprecio nobiliario por la mera

---

[17] Ver GARCIA, Romano: "Estado y clase media en Aristóteles", en *Pensamiento*, no. 174, vol. 44, 1988, pp. 163-187.

adquisición de riquezas y también las aspiraciones de la burguesía en ascenso, que encuentra en este ideal, al mismo tiempo, la forma de descalificar a los Grandes y de olvidar a los humildes. De este modo, la idea de la "dorada medianía" contiene una ambigüedad política fundamental, que permite tanto afirmar la autonomía del alma respecto de la condición social como justificar la desigualdad social.[18] Durante el siglo XVIII esta ambigüedad quedó irresuelta, en especial porque la teoría de la sociabilidad natural entre los hombres oscurecía el problema de la posible falta de coincidencia entre felicidad individual y felicidad colectiva: el optimismo dieciochesco, de diversas maneras, suponía que la una traía implícita a la otra.

Cuarto momento: la colonización liberal-burguesa

La matriz básica del pensamiento de Aristóteles reaparece en el liberalismo contemporáneo para resolver tal ambigüedad. Porque, en cierto sentido, el elitismo del liberalismo moderno, como el de los socráticos, también debió enfrentar las consecuencias universalistas, igualitaristas y democráticas que derivaban de la filosofía de la Ilustración. También la antropología ilustrada, con su idea de la sociabilidad natural entre los hombres, su idea de la autonomía de los individuos, su idea de un contrato social entre iguales guiados por la razón y su idea de la soberanía del pueblo atentaba contra la preservación de las elites (como quiera que uno las defina). El liberalismo moderno, como ideología de legitimación del poder, siguió los mismos pasos que los aristócratas griegos: colonizó el lenguaje ilustrado de la moderación, la libertad, la igualdad y la fraternidad hasta vaciarlo de contenido. El liberalismo aprendió a hablar en el lenguaje y la cultura de su enemigo, y en ello reside su éxito.

Aun cuando muchos pensadores liberales sostuvieron que el liberalismo (y por ello también el Estado liberal) debe predicar la neutralidad moral —es decir, no interferir en los valores que profesan las personas, ya que esto pertenece al ámbito privado de los individuos— el liberalismo tal como fue llevado a la práctica participa de la concepción socrática de la virtud. En efecto, el aspecto teleológico de esa concepción se reencuentra en el temor al "despotismo de las mayorías" y en el énfasis que los liberales pusieron siempre en la idea de *capacidad*. Tal idea supone que, aun-

---

[18] Ver MAUZI, Robert: *L'idée du Bonheur dans la littérature et la pensée Françaises au XVIIIe. siècle*, París, Armand Collin, 1960, pp. 175-179; ver también MARGAIRAZ, Dominique: "La querelle du luxe au XVIIIe. Siècle", en Jacques Marseille (ed.): *Le Luxe en France, du siècle des 'Lumières' à nos jours*, París, A.D.H.E., 1999. pp. 25-37.

que en teoría la soberanía pertenece al pueblo, en la práctica no todos los individuos están *capacitados* para ejercerla. El ejemplo más obvio es el de los liberales doctrinarios, que sostenían la política de restringir el voto a quienes tuvieran propiedades o un determinado nivel de ingresos. Para ellos, no se trataba de que tener dinero en sí fuera necesario para ejercer la soberanía; lo que argumentaban era que el poseer dinero era un índice que demostraba la *capacidad* de las personas. El avance de la democracia, a partir de la revolución de 1848, barrió con el voto censitario y con el gobierno de los doctrinarios. Sin embargo, la problemática de la *capacidad* siguió formando parte del discurso liberal, en el énfasis que el liberalismo siempre puso en la *educación*. En efecto, de nuevo en este caso, si bien la soberanía pertenece al pueblo, sólo aquellos *educados* en los valores liberales podían ejercerla. La idea de que la educación se extendería algún día a todos los individuos no era un obstáculo para los liberales, en la medida en que un pueblo "educado" era sinónimo de un pueblo liberal. La facilidad con la que los liberales siempre consideraron conveniente suspender el derecho del pueblo a decidir sobre su destino toda vez que sus decisiones no se correspondían con el ideario liberal es prueba de ello (piénsese en Hayek, en la generación de 1880 en Argentina, en Alsogaray, pero también en las políticas de los países colonialistas y de EE.UU. en el tercer mundo). En los hechos, la "capacidad" fue siempre, para los liberales, condición de participación política: en la igualdad, tal como el liberalismo la entiende, siempre hay algunos que son "más iguales que otros".[19]

Otro vínculo del liberalismo con la reacción aristocrática de los socráticos está en la idea de los Derechos Humanos como derechos naturales (metafísicos), antes que como convenciones sociales: este movimiento corresponde a la concepción griega que hizo de las leyes criterios absolu-

---

[19] Ver ROSANVALLON, Pierre: *Le Moment Guizot*, París, Gallimard, 1985; KAHAN, Alan S.: *Aristocratic Liberalism. The Social and Political Thought of Jacob Burckhardt, John Stuart Mill, and Alexis de Tocqueville,* Oxford, Oxford University Press, 1992, pp. 5, 69-72, 84, 101-104. Un ejemplo evidente del elitismo liberal y su deuda con la filosofía socrática es, naturalmente, Leo Strauss, uno de los pensadores más importantes del liberalismo del s. XX (ver sobre todo STRAUSS, Leo: *Liberalism Ancient and Modern*, Nueva York y Londres, Basic Books, 1968). Otros ejemplos contemporáneos de este elitismo liberal se pueden encontrar en Stephen Salkever, cuando llama a recuperar a Aristóteles para el liberalismo, y agrega que "la democracia no es la soberanía de cualquier pueblo ni la libertad es la oportunidad de asegurar el interés de *cualquier* individuo dado"; ver Slakever, op. cit, p. 215. Otros intentos liberales de reconocer la deuda con la doctrina aristotélica de las virtudes, en BEINER, Ronald: "The Moral Vocabulary of Liberalism", en John W. Chapman & William A. Galston (eds.): *Virtue*, Nueva York, New York University Press, 1992, pp. 145-184; MACEDO, Stephen: "Charting Liberal Virtues", en John W. Chapman & William A. Galston (eds.): *Virtue*, Nueva York, Nueva York University Press, 1992, pp. 204-232.

tos de justicia, alejándolas así del campo de las deliberaciones democráticas entre iguales.

Pero el vínculo más importante para nuestros propósitos está en la idea de las virtudes de "lo intermedio", y de moderación como "justo medio". Así como Aristóteles situó en una "clase media" la virtud política dentro de la *politia*, los liberales reprodujeron la misma movida ideológica durante toda su historia. El intento de asignar la mayoría de la virtud política a un grupo "intermedio" (y por ello dotado de una capacidad y una virtud especiales para *moderar* la vida política) se encuentra desde el principio en la tradición liberal. En efecto, ya Montesquieu –que opinaba que la buena democracia no debía ser sino una aristocracia perfeccionada– sostuvo la necesidad de mantener "cuerpos intermedios" en manos de la nobleza, y asignar otras atribuciones a cuerpos no electivos. La idea tras este diseño es preservar una esfera con derechos *anteriores* e inmunes tanto a la soberanía popular como a la soberanía estatal. Los liberales posteriores, enfrentando el impulso democrático irrefrenable, tuvieron que resignar la supremacía de lo que los filósofos ilustrados bien llamaron cuerpos nobiliarios "privilegiados" (*privi-legio*: "ley privada"). Pero la cuestión de los "cuerpos intermedios" reapareció en el pensamiento liberal decimonónico bajo la forma del "gobierno mixto" y, más recientemente, de la "sociedad civil".[20] En efecto, la temática contemporánea de la importancia de las instituciones de la "sociedad civil" ("intermedias" entre el Estado y los individuos), fue desarrollada por Tocqueville en su idea de las "asociaciones", que procede directa y explícitamente de la idea de los cuerpos nobiliarios privilegiados.[21] Así, hay "asociacio-

---

[20] Ver KELLY, George A.: "Liberalism and Aristocracy in the French Restoration", en *Journal of the History of Ideas*, vol. XXVI, no. 4, oct.-dec. 1965, pp. 509-530; LOWENTHAL, David: "Montesquieu and the Classics: Republican Government in The Spirit of the Laws", en Joseph Cropsey (ed.): *Ancients and Moderns. Essays on the Tradition of Political Philosophy in Honor of Leo Strauss*, Nueva York y Londres, Basic Books, 1964, pp. 258-287; VENTURINO, Diego: "Boulainvilliers et Montesquieu ou de la modération nobiliaire", en Alberto Postigliola y Maria Grazia Bottaro Palumbo (eds.): *L'Europa de Montesquieu*, Liguore Editori, Nápoles, 1995. pp. 103-112.

[21] Decía Tocqueville: "Creo firmemente que es imposible restaurar una aristocracia en el mundo, pero opino que los ciudadanos corrientes, asociándose, pueden dar nacimiento a seres opulentos, influyentes y ricos; en una palabra, a particulares aristocráticos. De esta manera se obtendrían muchas de las mayores ventajas políticas de la aristocracia sin sus injusticias ni sus peligros. Una asociación política, industrial, comercial o incluso científica y literaria, equivale a un ciudadano ilustrado y poderoso al que no se puede sojuzgar a voluntad ni oprimir en silencio, y que al defender sus derechos particulares contra las exigencias del poder, salva las libertades comunes". TOCQUEVILLE, Alexis de: *La Democracia en América*, Madrid, SARPE, 1984, T.II, p. 271.

nes" en las que deben preservarse ciertos derechos *anteriores* al gobierno de las mayorías, y que también cumplen la función de "escuelas" donde los ciudadanos se educan en la cultura liberal. De nuevo en este caso, hay algunas asociaciones más virtuosas que otras: por ejemplo, en una de las teorizaciones recientes más importantes de la idea de "sociedad civil", se excluye de ese ámbito a los sindicatos, ya que están demasiado ligados a intereses económicos.[22] Después de siglos se reencuentra el mismo desprecio de los socráticos por el contacto con el mundo de las necesidades materiales. La cuestión de la moderación queda subsumida así en *la moderación de la soberanía popular.*

Pero en ningún lugar es más notable la reaparición del conservadurismo aristotélico y de su idea de la virtud y moderación como "justo medio" que en el discurso liberal-burgués de "clase media". Así como Aristóteles invistió de virtud política al grupo de medianos propietarios de tierra (en el que buscaba obtener un apoyo político), por medio de la metáfora del "justo medio"/"clase media", los liberales contemporáneos hicieron lo propio en los siglos XIX y XX. Apartir de Guizot, el liberalismo se presentó como "el partido de la clase media", y a ésta como encarnando los valores de la moderación, justamente por estar "en el medio". A través del tiempo, el concepto de "clase media" fue cambiando de significado: en épocas de Guizot se trataba de la alta burguesía (entre el radicalismo del pueblo y la reacción de la antigua nobleza); más tarde serían las "nuevas capas sociales" o pequeña burguesía (entre el socialismo obrero y la miopía de la gran burguesía). Lo cierto es que los límites "inferiores" de la clase media siempre estuvieron claros (el populacho al que se quiere excluir), mientras que sus límites superiores siempre fueron más difusos e inclusivos. Consecuentemente, en tanto partido de "clase media" o de la "media" de la población, la política liberal se presentó siempre como política "de centro", entre los "extremos" de la derecha y de la izquierda.[23] Inútil subrayar, a esta altura, que las políticas

---

[22] COHEN, Jean L. y ARATO, Andrew [1992]: *Civil Society and Political Theory*, Cambridge (Mass.), MIT Press, 1997 [Hay traducción castellana].

[23] Ver STARZINGER, Vincent E.: *Middlingness; Juste Milieu Political Theory in France and England 1815-1848*, Charlottesville, University Press of Virginia, 1965; WAHRMAN, Dror: *Imaginning the Middle Class. The political representation of class in Britain, c. 1780-1840*, Cambridge, Cambridge University Press, 1995; CROSSICK, Geoffrey: "Formation ou invention des 'classes moyennes'? Une analyse comparée: Belgique-France -Grande-Bretagne (1880-1914)" en *Belgisch Tijdschrift voor Nieuwste Geschiedenis*, XXVI, (34), 1996. También relevante, aunque no he podido consultarlo: KOSELLECK, Reinhart y SCHREINER, K. (eds.): *Bürgerschaft, Rezeption und Innovation derBegrifflichkeit vom Hohen Mittelalter bis ins 19. Jahrhundert*, Stuttgart, Klett-Cotta, 1994.

liberales no están en el "centro" de nada: son sólo opciones entre un abanico de alternativas posibles.

Resumiendo. Hemos visto cómo, en dos momentos distintos (pero fundamentales) de la historia del pensamiento occidental, una ideología elitista colonizó la política y la cultura democráticas. El liberalismo moderno logró hacerlo, empleando básicamente (entre otras cosas) cuatro dispositivos: por un lado fundando una teoría de los derechos individuales ("Humanos") —entre ellos a la propiedad— como derechos naturales, y por ello intocables por las mayorías. En segundo lugar, retomando la idea de virtud para establecer un ideal (liberal) de ciudadano al que los hombres y mujeres realmente existentes debían adaptarse (educarse) antes de reclamar el ejercicio de sus derechos políticos. En tercer lugar, estableciendo una serie de instituciones no electivas —estatales o de la "sociedad civil"— en las que se depositan determinados derechos que quedan así fuera del alcance de la soberanía popular. En cuarto lugar —y esto es lo fundamental para nuestro propósito— obliterando la idea de la moderación de modo tal de *naturalizar* los valores de determinada clase social ("clase media") y de determinadas políticas ("de centro"). La metáfora del "justo medio", aplicada a la política, agrupa un amplio sistema de representaciones mentales y pautas culturales y sentimentales que asegura que el predominio de una clase y de un tipo de política sea percibido como "moderado", de "sentido común", "razonable", "viable", "responsable", "equilibrado". Así, en la hegemonía liberal-burguesa, las ideas de igualdad, autonomía individual, medianía, moderación, deliberación entre iguales, etc., quedan envueltas en un discurso que las repite y utiliza, vaciándolas, sin embargo, de su contenido democrático. La ideología liberal-burguesa, como toda ideología dominante, venció a sus adversarios robándoles sus palabras y parasitando su cultura.

Volvamos ahora a la cuestión de la cultura de la izquierda y el romanticismo.

Cultura contemporánea y cultura de izquierda

El liberalismo ha sido la ideología hegemónica en los dos últimos siglos. Hasta el momento enfrentó con éxito a la cultura católica, la revuelta romántica del siglo XIX, los movimientos de masas fascistas, y la variedad de socialismos, populismos y movimientos de liberación nacional que intentaron destronarlo. También, con y sin ayuda de la fuerza directa, ha corroído las cosmovisiones autóctonas de una gran variedad de sociedades no occidentales. Bajo la hegemonía cultural del liberalismo la burguesía ha transformado al mundo a su imagen y semejanza.

Existen muchas razones para este éxito: sólo me he concentrado aquí en algunos de los aspectos de su cultura y sentimentalidad que colaboraron y colaboran en la constante y cotidiana reafirmación de su hegemonía. El liberalismo ha sabido hablar el lenguaje de la igualdad y travestirse en el vocabulario y la sentimentalidad democrática. Ha ofrecido a los individuos, dentro de ciertos límites, la posibilidad de desarrollar sus intereses particulares y obtener legitimidad para sus necesidades individuales, privadas, materiales. Ha colonizado el sentimiento de la tolerancia, la moderación y el respeto a los demás (que en sí no son burgueses ni liberales). Ha apelado al lenguaje del sentido común y, dentro de ciertos límites, ha fomentado y utilizado en su favor la participación y la deliberación entre iguales. Se ha tomado el trabajo de "educar" a la población en sus valores y en su ideología. Ha cedido algunos centímetros frente a sus adversarios cuando fue preciso, pero manteniendo siempre sus principios incólumes. La forma en que se apropió de parte del mensaje del socialismo –trastocándolo de lucha contra la opresión a un simple reclamo por la extensión de los servicios que brinda el Estado– es característica.

La cultura y los sentimientos que gobiernan hoy la esfera política y las relaciones sociales, al menos en los países del llamado "Occidente", son profundamente antirrománticos. Ya no estamos en el siglo XIX, cuando millones estaban dispuestos a la aventura (la Revolución, la guerra, la purificación de la raza, ¡qué importa cuál!) y a los grandes proyectos, sin importar cuántas cabezas rodaran en el camino. Después de las guerras, Auschwitz, Hiroshima, el Gulag y las innumerables represiones militares, en la sentimentalidad que predomina actualmente entre la gente común tiende a valorizarse más el sentido común, la responsabilidad en las acciones, la credibilidad, la evaluación de los costos y posibilidades de éxito en los cambios, la moderación, el respeto a los motivos del prójimo, la tolerancia, la apertura.[24] Por supuesto que circulan también muchísimos elementos románticos y poéticos en el cine, en la literatura, en la música, en algunas nostalgias de otras épocas, o en los textos de algunos intelectuales marginales. Estos elementos, sin embargo, restringidos al ámbito de la ficción, son el complemento necesario de la cultura liberal. El mercado vende rebeldía envasada y culto a la muerte para

---

[24] Lejos de mí pintar el cuadro idealizado de un presente color de rosa. Planteo tan sólo una comparación de largo plazo entre la sentimentalidad decimonónica y la de finales del s. XX. No se me escapa el predominio del pensamiento único, la intolerancia y el fundamentalismo de mercado en las prácticas del liberalismo actual.

adolescentes en los discos de Marilyn Manson, elogio de la locura o del Idiota Santo en películas como *Amadeus* o *Forrest Gump*, culto al coraje y una visión romantizada de la comunidad del pasado en *Corazón Valiente*, y la promesa de una conexión cósmica y de armonía con el universo en los cristales y pirámides para cultores de la New Age. Así, lo que queda hoy de la cultura romántica ofrece un recreo indispensable frente al sinsentido o al aburrimiento y la monotonía de nuestra cotidianidad, y a veces un estímulo para asumir una moderada y funcional cuota de riesgo en nuestras vidas. Nada más. En el ámbito de la política, los únicos grupos que se apoyan exclusivamente en una sentimentalidad romántica son la ultraderecha y gran parte de la izquierda radical. Ambos grupos son marginales y minúsculos en su incidencia política. Es cierto que tal romanticismo atrae a un pequeño grupo de jóvenes todos los años; pero incluso estos no duran demasiado dentro de esos grupos. La enorme mayoría de la gente los mira con antipatía o temor.

La cultura y la sentimentalidad de izquierda se forjaron en el siglo XIX, la época de la revuelta romántica, cuyos sentimientos estaban en las antípodas de los actuales. Desde entonces hasta hoy la sentimentalidad predominante cambió dramáticamente; los sentimientos de la tradición de izquierda, sin embargo, continuaron anclados en un pasado ya distante. Es, entre otras cosas, el pesado legado de la sentimentalidad romántica lo que ha hecho cada vez más difícil, para la izquierda, el comunicarse con las personas "normales" del mundo real.

Hay una frase de Marx cuya inactualidad resume el cambio como ninguna otra, cuando decía que los trabajadores se lanzarían a la revolución porque "lo único que tienen para perder son sus cadenas". La izquierda actual necesita comprender y respetar el hecho de que los trabajadores tienen mucho más que perder además de sus cadenas. Cualquiera que haya hablado con un trabajador sabe de la enorme desconfianza que sienten frente a las ideas abstractas y a las recetas para mundos ideales. Sabe de la gran reticencia que sienten a arriesgar sus trabajos –para no mencionar sus vidas– en nombre de acciones que muy probablemente fracasen. Sabe del enorme valor que le dan a su minúscula capacidad de consumo, al modestísimo confort de la casa familiar, al pequeñísimo espacio de vida individual y privada que poseen, y que esperan sea seguro e inviolable.

Frente al romanticismo del militante de izquierda que invita siempre a la clase obrera al arrojo y la heroicidad (la huelga general, la rebelión, etc.), el trabajador real prefiere apegarse al sentido común y al cálculo racional para decidir la conveniencia de una acción. Y sin embargo, para gran parte de la cultura de izquierda, la moderación, el cálculo racional de probabilidades, la vida privada, el disfrute de lo que se posee y el sentido común siguen siendo pecados "burgueses". Como el héroe romántico, la izquierda sigue esperando a su enamorada ideal, una Revolución que sea como una "bestia femenina que todo lo devore y lo consuma en su fuego" ¡Maldita sea la tibieza! Frente a una realidad que no la escucha, la izquierda repite sus consignas y sus rituales del pasado, imaginando que el problema es que no está gritando lo suficientemente fuerte, que hace falta más declamación, que hay que ir más seguido a la plaza, y golpear con más fuerza al bombo. En el mundo aparte de la izquierda, sus pocos habitantes se entregan al deporte de superarse mutuamente en maximalismo, a ver quién es el más radical y osado de todos. Mientras tanto, los ideólogos liberales saben que la realidad no es sorda: sólo se trata de saber hablar en su idioma. Mientras la cultura de izquierda invita a la repetición romántica o se enreda en las abstracciones de la filosofía, los liberales se toman el trabajo de hablarle pacientemente a "Doña Rosa", de explicarle sus razones, de escuchar sus ansiedades. Hablando el lenguaje del sentido común, dosifican la ideología para que penetre mejor.

La cultura de izquierda necesita volver a escuchar, aprender de nuevo, sustraerse del mundo de los héroes románticos y de las gestas épicas del pasado, para recuperar el contacto perdido con el lenguaje y los sentimientos de los hombres y mujeres de nuestra época. Los sentimientos de la izquierda deben hacer lugar para albergar (de verdad, sin altiva condescendencia) los valores del sentido común, de la moderación, de la razonabilidad, de la factibilidad, del gozo de la vida privada y los placeres materiales, de la libertad, del respeto al prójimo, de la tolerancia, de la deliberación de igual a igual, en definitiva, de la igualdad con nuestros prójimos tal como ellos son aquí y ahora. Todos estos valores y sentimientos eran nuestros antes de que la ideología liberal-burguesa los colonizara, y todavía nos pertenecen.[25]

Para recuperar el contacto con el mundo actual, la izquierda debe hacer un profundo autoexamen de su cultura y sus sentimientos. No se trata de rechazar el romanticismo en bloque, porque también partes de él nos pertenecen por derecho propio. El sentimiento de fraternidad, el

---

[25] Este llamado a revalorizar tales valores no debe confundirse con "tibieza" política o "moderación" de la radicalidad de las transformaciones que las luchas emancipatorias deben promover. Tiene más que ver con el *modo* en que articula una política que con su *programa* (que puede ser todo lo radical que haga falta).

festejo del compromiso con los ideales, el coraje para asumir riesgos, las imágenes de las gestas del pasado, la celebración de la lucha, las ensoñaciones poéticas, la pasión revolucionaria, el culto de una vida intensa, la utopía de un mundo nuevo, la aspiración a otro vínculo entre el arte y la vida y entre la política y lo cotidiano, son algunos de los elementos románticos que nos pertenecen y que son indispensables para el proyecto emancipatorio. Pero deben estar combinados con un agudo sentido de la realidad, con un programa político factible para cada circunstancia, con el respeto a los demás y las razones e intereses individuales, con una ética de la responsabilidad y con un compromiso por el respeto a la deliberación con las personas *reales* (opinen lo que opinen). Se equivoca Michael Löwy cuando concluye que "la utopía será romántica o no será"[26]. La cultura de izquierda estuvo hasta ahora excesivamente dominada por su costado romántico: es hora de conectar *también* con el legítimo sentimiento antirromántico de nuestra época, si lo que queremos es hacer política emancipatoria de verdad. Esta es la verdadera "restricción cultural" que sufre la izquierda.

---

[26] LÖWY, op. cit., p. 303.

Segunda parte

Lo global y lo local: sujeto, identidad y emancipación

La política después de Seattle: el surgimiento de una nueva resistencia global[*]

La llamada "Batalla de Seattle", en noviembre de 1999, marcó la irrupción inesperada de un movimiento de resistencia global que, sin embargo, venía gestándose desde hacía algún tiempo. Muy pronto se hizo evidente que ese evento no sólo señalaba el regreso de las grandes movilizaciones antisistémicas, sino también una serie de cambios profundos en las ideas, los discursos y las prácticas de la tradición de izquierda. Escrito poco después de los sucesos y publicado a principios de 2000, este texto fue probablemente –junto con el artículo de Martín Bergel en el mismo número de El Rodaballo– el primer ensayo de análisis del significado de Seattle y del movimiento de resistencia global aparecido en Argentina.

---

[*] Ezequiel Adamovsky: "La política después de Seattle: El surgimiento de una nueva resistencia global", *El Rodaballo* (Buenos Aires) , no. 11/12, primavera-verano 2000, pp. 2-10. Se publica levemente abreviado y con pequeñas modificaciones estilísticas.

Las manifestaciones ocurridas en Seattle a fines del año pasado han tenido una serie de repercusiones que, a primera vista, parecen desmesuradas. Un grupo de unos cuarenta mil trabajadores, ecologistas, consumidores, granjeros y activistas políticos consiguieron interrumpir las sesiones de la Organización Mundial del Comercio (OMC) en esa ciudad. Ni el hecho en sí, ni el número de los manifestantes resulta particularmente llamativo. Sin embargo, consiguieron que el presidente Clinton –que hasta entonces sólo estaba interesado en el ingreso de China en la OMC–, hablara de la necesidad de introducir sanciones para las naciones que no respetaran un piso mínimo de derechos laborales. La prensa oficiosa reaccionó con alarma: *Newsweek* anunció la aparición de un "nuevo radicalismo" y el regreso de la izquierda[1], mientras *The Economist* se persignaba aterrorizado: "Clinton quiere invitar a los manifestantes a que entren. El ministro de comercio de Francia dice que ésta es la prueba de que la economía y la política no pueden mantenerse aparte: ¡el estatismo está vivo! El ministro de comercio británico insiste, dudoso, en que 'el comercio libre puede ser comercio justo', como diciendo que frecuentemente no lo es. Dios nos ampare."[2] Los sucesos tomaron de sorpresa a la prensa: después de todo, el antecesor de la OMC (el GATT), se venía reuniendo desde 1947 y nunca había ocurrido nada semejante. De hecho, cubrir las reuniones del GATT era considerado por los periodistas una de las tareas más aburridas que podían tocarles.[3]

¿Qué sucedió para provocar tanta alarma? Aquí es donde las explicaciones de la prensa aprovecharon para soltar un rosario de descalificaciones. Al señalar la composición de las manifestaciones, se burlaban de su heterogeneidad o de los motivos que los convocaban. No hubo diario que no se mofara de los ecologistas disfrazados de tortugas de mar; a *Página/12* incluso le pareció importante resaltar que había un grupo de brujas de la religión Wicca.[4] "La OMC es el enemigo perfecto para un país que mira todos los días los Expedientes X", "son grupos pequeños con intereses estrechos, que no consiguieron hacer oír sus demandas por vía democrática", se dice en *Newsweek*.[5] "Son gente con ansiedad por los problemas internos, que están decididos a hacer de la globalización el responsable de todos los males", dice el *New York Times*.[6] Unánimemente

---

[1] Ver edición del 13 de diciembre de 1999.
[2] Ver edición del 6 de diciembre de 1999.
[3] Ver diario *The National Post*, 3/12/99.
[4] Ver edición del 2 de diciembre de 1999.
[5] Ver edición del 13 de diciembre de 1999.
[6] Ver edición del 13 de diciembre de 1999.

los medios mostraron actos de violencia de los manifestantes, y algunos grupos anarquistas como si las manifestaciones hubieran sido sólo eso.

La realidad tras las noticias es que una porción importantísima de los manifestantes eran obreros y empleados encabezados por sus sindicatos. Los disfrazados de tortugas no eran adolescentes ridículamente obsesionados por ese animalito, sino activistas de varias organizaciones ecologistas que habían tomado el exterminio innecesario de las tortugas por los buques pesqueros como símbolo del deterioro ambiental que produce la globalización incontrolada. Ningún diario se ocupó de decir que la OMC, poco antes, había decretado que la Ley de Especies en Peligro estadounidense (que prohíbe comprar productos de mar pescados con redes que no protejan a las tortugas), era una "barrera comercial injusta". Los hechos de violencia, por otro lado, fueron unos pocos ataques específicamente dirigidos contra un puñado de compañías transnacionales. Salvo por la represión policial –brutal para los niveles norteamericanos–, las manifestaciones en Seattle fueron notablemente pacíficas y bien organizadas. Por lo demás, muy pocos medios se ocuparon de decir que al mismo tiempo, en otros puntos del planeta, se desarrollaban actividades políticas similares: setenta y cinco mil personas se movilizaron al mismo tiempo en varias ciudades francesas, en Turquía una caravana que recorría el país organizaba diversos eventos, etc.

Los presentes aquellos días coincidían en el reclamo de tener algún grado de control de la globalización, más allá de los mecanismos de mercado. Para comprender de qué se trató todo aquello, es preciso comenzar analizando brevemente la política en la era de la globalización.

Globalización y política

Lo que habitualmente se llama globalización es el grado máximo de la integración internacional de la producción, que es la realización más profunda del principio que rige la economía-mundo capitalista. Este principio consiste en la existencia de "cadenas extensas y desiguales de estructuras de producción integradas que se encuentran divididas en múltiples estructuras políticas"[7]. Ello quiere decir que el capitalismo requiere y produce, en su funcionamiento, dos tipos de espacios geográficos: uno transnacional o global (el económico), y otro nacional o limitado (el político). El espacio de la soberanía no coincide con el del merca-

---

[7] Ver I. Wallerstein: *Impensar las Ciencias Sociales*, México, Siglo XXI, 1998, p. 268 . Tomo de este mismo autor gran parte de las ideas que siguen en este apartado.

do. De este modo el capitalismo asegura en su favor el cumplimiento de las funciones básicas de los Estados reservándose para sí, por otro lado, un espacio de movilidad que escapa a la autoridad de uno solo de estos. Lo que se llama globalización es la consecución, en gran medida, de este principio por primera vez a escala verdaderamente mundial. Por supuesto, la economía-mundo capitalista existe y viene ampliando su área desde hace quinientos años. Pero por motivos que no hay espacio aquí para detallar, las cadenas productivas sólo en la actualidad lograron un alcance verdaderamente global, mientras los espacios estatales operan con la previsibilidad y "normalidad" que el capitalismo requiere.

Como parte de esta dinámica, a partir de la segunda posguerra los propios estados nacionales se han dedicado a desmantelar los mecanismos de control económico que quedaban en sus manos, mediante una serie de instituciones o acuerdos como Bretton Woods, la Organización para la Cooperación y el Desarrollo Económico (OCDE), el Acuerdo General de Comercio y Tarifas (GATT) y su sucesora, la OMC. Junto con el endeudamiento externo a favor de bancos internacionales como el FMI y el Banco Mundial, estas instituciones quitaron una a una las atribuciones económicas de los Estados. Hoy el capital circula casi sin restricciones en la casi totalidad de la superficie del globo, con una libertad tal que es capaz de imponer a cada gobierno nacional una serie de condiciones que éstos deben aceptar, so pena de que las inversiones fluyan a otro país. Lo que es importante señalar es que la economía-mundo así organizada ha generado una cultura y un tipo de subjetividad particulares. Como resultado de su expansión se crearon los estados nacionales, que llegaron a ser los espacios de identificación primaria de los hombres. El sentimiento nacional es un producto reciente del capitalismo, apenas un poco posterior al surgimiento de los propios estados-nación. De ese modo, la división de los espacios económico y político propia de esta economía-mundo se reprodujo en una escisión en los sujetos entre el espacio subjetivo de la identificación primaria –el estado-nación–, y el espacio objetivo de la experiencia del trabajo, la producción y la explotación, que es transnacional.

Los primeros movimientos antisistémicos de importancia –los socialismos surgidos en el siglo XIX– comprendieron en cierta medida esta cuestión, y plantearon desde muy temprano el internacionalismo como elemento central de sus doctrinas, como parte fundamental de la lucha antisistémica. Sin embargo, la subjetividad sujeta a los espacios nacionales resultó más fuerte, tanto que esos propios movimientos terminaron creyendo que su política consistía, justamente, en llegar al poder cada uno en su Estado, y desde allí encarar sus programas de reformas. En el Tercer Mundo, la lucha antisistémica encarnó en los llamados movimientos de liberación nacional, que reprodujeron esta identificación de lo político con el espacio de cada estado-nación.

No sorprende, entonces, que estas dos familias de movimientos antisistémicos hayan fracasado: aun en los casos en que efectivamente alcanzaron el control del Estado, fue para descubrir por las buenas o por las malas que era muy poco lo que se podía hacer desde allí. Los partidos socialdemócratas apenas pudieron establecer un Estado de Bienestar que, algunos años más tarde, ellos mismos o gobiernos neo-conservadores se encargarían de desmantelar; los movimientos de liberación nacional crearon sociedades económicamente inviables que dieron paso a nuevos gobiernos que, invariablemente, aplicaron planes de ajuste neoliberales; en cuanto a las experiencias comunistas, no hace falta insistir en el desastre inapelable en que resultaron. Tras el fracaso de todos estos movimientos, el mundo de la década de los ochenta nos encontró con la hegemonía completa e incontestada del capitalismo globalizado, y con las fuerzas de izquierda ya casi inexistentes y profundamente deprimidas.

Sin embargo, la expansión del capitalismo globalizado, desde el punto de vista subjetivo, es de efectos ambiguos. Si bien por un lado refuerza la ideología nacional y la identificación de los sujetos con sus Estados, por el otro puede generar un debilitamiento de ese tipo de identificaciones. Y esto porque, entre otras cosas, la vida cotidiana en cualquier parte del mundo se parece hoy mucho más que hace cien años. Por otro lado las comunicaciones y las enormes migraciones cuestionan las claras distinciones entre un 'nosotros' (nacional) y los otros (extranjeros). La convergencia entre las naciones que la propia globalización produce, puede también crear un sentimiento de cercanía mucho mayor entre distintos pueblos, una identificación con la "aldea global" en convivencia con la subjetividad ligada a la "patria natal". Esa convivencia es de naturaleza conflictiva: en algunos casos las comunidades que se sienten amenazadas por la globalización refuerzan su identidad nacional como forma de autodefensa, mientras que en otros casos esta identidad tiende a debilitarse. Una política emancipatoria que intente fundarse nuevamente en las identidades nacionales, probablemente encuentre iguales o mayores limitaciones que las experiencias mencionadas; pero el debilitamiento de las fuertes identidades nacionales puede permitir la emergencia de un nuevo tipo de política, capaz de vulnerar el núcleo mismo del capitalismo transnacional: la distinción entre aquellos dos tipos de espacios geográficos que comentábamos más arriba. La globalización, al vaciar de poder real a los estados nacionales y al acercar culturalmente como nunca antes a los pueblos, abre la posibilidad de cuestionar uno de sus propios pilares: el encorsetamiento de lo político y de la subjetividad dentro de espacios nacionales fragmentados. [8]

Una nueva subjetividad global

La Batalla de Seattle y las luchas relacionadas con ella muestran la emergencia de una *nueva subjetividad global*, mientras que sus prácticas políticas nos hablan de un *sujeto de cambio* que piensa lo político de una nueva forma.

Como bien señaló recientemente Ana Dinerstein, "la globalización implica la transformación de las formas políticas, económicas, organizacionales, ideológicas, y la recomposición de las formas de ser, organizar y luchar de los sujetos sociales. La globalización es en este sentido una forma de lucha de clases que conlleva una *crisis de identidad*". En la medida en que aceptemos una conexión ontológica entre opresión y resistencia, resulta esperable que los cambios en una repercutan en la otra. Como sea que el capital se organice, el trabajo le opondrá resistencia; cualquier forma de dominación conlleva, al menos potencialmente, una forma de resistencia. El momento de la crisis de identidad es fundamental en la emergencia de una nueva subjetividad y de una nueva forma de concebir la política. "Los términos *desterritorialización*, *desmodernización*, *desconexión*, *desinstitucionalización* designan no sólo el proceso de liberación del capital, sino y principalmente la *deconstrucción* y recreación de las formas subjetivas que durante un determinado período histórico constituyeron las bases para construir políticamente el presente y el futuro."[9]

Seattle es la manifestación hasta ahora más visible de esta deconstrucción y recreación de formas subjetivas de lucha. La dimensión conscientemente global del evento resalta si consideramos que fue organizado principalmente por activistas de un país con una cultura tradicionalmente ensimismada. Por su parte, la composición de los grupos que se

---

[8] Me ocupo aquí solamente de los posibles efectos subjetivos de la globalización: no se me escapa que, naturalmente, el crecimiento de las desigualdades sociales también podrá actuar en el mismo sentido. Para un interesante análisis de lo que puede esperarse, desde el punto de vista socioeconómico, en las próximas décadas, remito al lector a I. Wallerstein: "Los retos de la globalización: Paz, estabilidad y legitimación 1990-2025/2050", *Doxa*, no. 20, Buenos Aires, verano 1999-2000.

[9] Ana C. Dinerstein: "Sujeto y globalización, la experiencia de la abstracción", *Doxa*, no. 20, Buenos Aires, verano 1999-2000, pp. 100-101.

manifestaron en Seattle es ya de por sí transnacional: no sólo lo hicieron diversos grupos norteamericanos sino también granjeros franceses de la *Confédération Paysanne*, ecologistas y campesinos coreanos, agricultores y otros manifestantes canadienses, militantes británicos contra los alimentos genéticamente modificados, defensores de los derechos humanos de Laos, el grupo *Acción Ecológica* de Ecuador, representantes del *Women's Resource Centre* de Zimbabwe, los *Sin Tierra* de Brasil, estudiantes australianos, trabajadores italianos, campesinos japoneses y de Sri Lanka, entre otros. Por otro lado, en el mismo momento, se llevaron a cabo manifestaciones coordinadas en otros varios puntos del planeta.

La rápida y eficaz organización de estos eventos viene siendo motorizada desde tiempo atrás por una serie de organizaciones que funcionan comunicando gente de todo el mundo, como *Global Exchange, Resist Corporate Rule, Direct Action Network, International Forum on Globalization, Cross-Canada WTO Caravan, Global Action, Acción Global de los Pueblos, Jubilee 2000, ATTAC* (Asociación para la Tasación de las Transacciones Financieras y Ayuda a los Ciudadanos), y algunos encuentros internacionales más puntuales como la Reunión Internacional de Trabajadores contra la Globalización Neoliberal (La Habana, agosto 1997) o los Encuentros a Favor de la Humanidad y contra el Neoliberalismo (Chiapas 1996, Madrid 1997, etc.), convocados por los zapatistas. Todas estas organizaciones, aunque con diferencias, coinciden en la necesidad de organizar la resistencia a nivel transnacional, siguiendo el movimiento del propio capital. Como dice una de las consignas más difundidas: "¡Que nuestra resistencia sea tan global como el capital!"

En todas estas organizaciones la comunicación vía Internet cumple un papel fundamental, y produce un cierto efecto de desterritorialización, típico de ese medio de comunicación: el ciberespacio crea un sitio en común, independiente de la geografía. El esfuerzo por traducir textos y manifiestos a varios idiomas es notable. Internet sirve también como la principal base de operaciones para un tipo especial de resistencia, también global, que floreció en los últimos años: el *hacktivismo* (activismo hacker).[10] Aunque los ataques, filtraciones y sabotajes de los hackers a la red comenzaron con la modesta consigna de liberar o democratizar la información, existe en la nueva generación una intención más militante.

Uno de los aspectos más interesantes de este nuevo tipo de resistencias es su clara conciencia global, que excede las identificaciones primarias con un espacio o con una cultura nacional. Esto implica un cambio

---

[10] Ver informe "Militar en la PC", diario *Clarín* (Buenos Aires), 25/2/2000.

importantísimo no sólo en las formas de hacer política, sino en la propia subjetividad. Como reconoció la misma revista *Newsweek* respecto del "nuevo radicalismo" que se hizo visible en Seattle: "Hasta ahora era fácil decir que cualquiera que se opusiera al 'comercio' era, por definición, un proteccionista feliz de esconderse tras los muros del estado-nación. Esa simple ecuación hoy ya no se sostiene; una de las lecciones más importantes de Seattle es que hoy existen dos visiones de la globalización disponibles: una liderada por el comercio y otra por el activismo social"[11].

Existen, sin embargo, dos obstáculos particularmente difíciles de sortear para que esta nueva conciencia y este nuevo activismo global cuajen en un movimiento más poderoso. En primer lugar, las organizaciones sindicales y el público en general en la mayoría de los países siguen identificando a los trabajadores inmigrantes como el origen y principal explicación de los problemas económicos y de seguridad que padecen, la mayor amenaza en su vida cotidiana. El dato cierto de que el ingreso masivo de extranjeros puede empujar los salarios a la baja se combina, en la cultura, con las ficciones hollywoodenses en las que los malvados de todo tipo son siempre de algún otro lugar, nunca 'de los nuestros'. Esta identificación del enemigo con los pobres o trabajadores de otras nacionalidades constituye un freno importante al avance de la conciencia global, especialmente en el plano de la organización sindical, en la medida en que fomenta la hostilidad hacia los nacionalmente diferentes. Sin embargo, en este plano pueden verse ya algunos cambios importantes. Recientemente, la poderosa central sindical norteamericana AFL-CIO, presidida por John Sweeney, produjo un viraje radical en sus políticas respecto de los inmigrantes ilegales. Hasta ahora los sindicalistas veían a los extranjeros como competidores por puestos de trabajo o como rompehuelgas, y por ello respaldaban la "Ley de sanciones a empleadores" que forma parte de la política inmigratoria norteamericana, y que castiga a los empresarios que contratan a trabajadores sin los papeles en regla. Sin embargo, con el tiempo se dieron cuenta de que los esfuerzos por limitar la inmigración ilegal no evitaban la entrada masiva de nuevos contingentes cada año. Los empresarios se benefician del empleo de extranjeros previniendo así la puesta en práctica de las leyes de protección laboral. Por otro lado, la simple evidencia demográfica mostraba que los trabajadores de origen extranjero forman una parte cada vez mayor del total de obreros, y por ello un porcentaje también creciente de los nuevos afiliados al sindicato. El peso numérico de los extranjeros también influ-

---

[11] "The new radicalism", por Michael Elliott, *Newsweek*, 13 de diciembre de 1999.

ye a los políticos que últimamente intentan capitalizar su voto. Por todo eso, en septiembre pasado la AFL-CIO produjo un cambio histórico en sus políticas: exigió al Estado una nueva y amplia amnistía para los indocumentados y rechazó la "Ley de sanciones a empleadores". Al mismo tiempo, pusieron en marcha una campaña de acercamiento a los inmigrantes en todo el país, con la idea de tomar sus testimonios y propuestas para elaborar estrategias legislativas.[12]

El segundo problema que puede obstaculizar el avance de la conciencia y el activismo globales es uno que no acepta soluciones simples. Se trata del desacuerdo surgido ya durante los días de la Batalla de Seattle, cuando Bill Clinton, motivado por la presión de la movilización masiva, declaró que la Organización Mundial del Comercio debería considerar la aplicación de sanciones a aquellos países que no garanticen mínimamente los derechos laborales. Hay que recordar que uno de los reclamos fundamentales de los manifestantes –especialmente los de origen sindical–, era que EE.UU. bloqueara el ingreso de China en la OMC. Inmediatamente luego de la declaración de Clinton, los delegados de algunos países del Tercer Mundo –en especial el ministro de Industria y Comercio de la India–, denunciaron que la propuesta del presidente norteamericano era un nuevo intento de los países industrializados de robar a las naciones más pobres la única ventaja competitiva que tienen en el comercio internacional: la mano de obra barata.[13] Junto con la India, Brasil, Egipto y Paquistán bloquearon el tratamiento, dentro de la OMC, de cualquier consideración de los derechos laborales como parte de la agenda.[14] El propio Kofi Annan, Secretario General de la ONU, ya antes de Seattle había planteado la misma crítica.[15] El desacuerdo visible entre los manifestantes de Seattle –que festejaron la declaración de Clinton como una victoria–, y los representantes del Tercer mundo –que la vivieron como una nueva amenaza imperialista–, representa el obstáculo mayor a una globalización más profunda de la resistencia y a la formulación de estrategias conjuntas entre los movimientos de todo el mundo. Especialmente porque el argumento "antiimperialista" puede movilizarse fácilmente para poner una cuña entre los trabajadores de los países desarrollados y los subdesarrollados. En efecto, si aquellos lograran que sus gobiernos, por ejemplo, impusieran sanciones comerciales a los países con

---

12 Ver "Drástico giro sindical en EEUU", diario *Clarín* (Buenos Aires), 18/2/2000.
13 Ver diario *New York Times*, 17/12/99.
14 Ver diario *Washington Post*, 6/12/99.
15 Ver su artículo en diario *Seattle Post-Intelligencer*, 30/11/99.

derechos laborales menos desarrollados, ello sin duda perjudicaría, en el corto plazo, los intereses económicos de los trabajadores del Tercer Mundo. Esto es real, y la prensa oficiosa inmediatamente hizo uso de ese argumento. El *Washington Post*, por ejemplo, descubrió una súbita preocupación por los países pobres: "Parece que los manifestantes quieren que los países más pobres paguen por sus nuevos derechos, y eso no es justo. Nunca tantos han protestado en nombre de la justicia global, para hacer a los pobres más pobres"[16]. No es sencillo encontrar la solución de este dilema: cualquiera que ella sea, deberá aplicar el máximo realismo posible.

Mientras tanto, se ha ido sugiriendo otra estrategia a nivel micro: la sindicalización conjunta de los trabajadores de las diferentes filiales de una misma empresa transnacional, y la coordinación de sus reclamos. Ya se han logrado algunos avances en este sentido, aunque es una estrategia costosa, sólo disponible para los sindicatos de empresas muy grandes. También las organizaciones de consumidores pueden tener un papel importante: en Europa ya se han registrado movimientos para dejar de comprar artículos de empresas que ocupan a trabajadores de países periféricos bajo regímenes de semiesclavitud.

Un nuevo sujeto social

Además de mostrar la emergencia de una *nueva subjetividad global*, quisiera sostener que la Batalla de Seattle y las otras luchas relacionadas ejemplifican los primeros signos del surgimiento de un *nuevo sujeto social*.

El las últimas décadas el pensamiento de izquierda ha estado tratando de deshacerse de la pesada carga sustancialista y metafísica del marxismo realmente existente. En particular, dos de sus aspectos resultaban inconvenientes para pensar y organizar la política. Por un lado, la idea sustancialista de la identidad, según la cual habría una relación de transparencia entre experiencia y conciencia, de modo tal que, por ejemplo, se suponía que el lugar de un individuo en el proceso productivo automáticamente garantizaba determinado tipo de conciencia. Esta idea alimentaba una política que suponía que de lo que se trataba era de representar u organizar sujetos e intereses *preexistentes*, antes que ocuparse de articularlos como tales. Por otro lado, la idea metafísica de la clase obrera como el protagonista central y único del gran relato de la emancipación humana, cuyo accionar eliminaría, necesariamente, todo tipo de desigualdad, conflicto u opresión, y a cuyos intereses había que subordinar cualquier otro tipo de demanda específica.

---

[16] Ver diario *Washington Post*, 6/12/99.

Contra estas ideas, desde vertientes distintas, el pensamiento contemporáneo ha propuesto resaltar el carácter *histórico* de la constitución de las identidades. Ello implica reconocer que cada sujeto está cruzado por varias líneas de tensión y de experiencia que pueden resolverse, en distintas circunstancias, en la asunción de identidades y formas de conciencia política diferentes. Ni la conciencia emancipatoria emana naturalmente de un sujeto en virtud del lugar que ocupa en las relaciones de producción, ni la emancipación resulta naturalmente de las "leyes de la Historia". El camino de la emancipación es uno orientado por una imagen de futuro; los sujetos que lo recorren se articulan *negociando diferencias* (antes que sólo representando intereses fijos y preexistentes). De esa negociación los sujetos salen distintos a como entraron. La *dialéctica del reconocimiento* de múltiples formas de opresión y de múltiples sujetos de resistencia necesariamente transforma tanto al proyecto (la imagen futura) como a sus agentes, y tanto a éstos como a sus prácticas.

La experiencia de Seattle y de las luchas relacionadas permiten ver cómo podría funcionar una política fundada en la dialéctica del reconocimiento, en la articulación política mediante la negociación de diferencias. ¿Por qué, después de todo, se encontraron allí los trabajadores que luchaban contra el empeoramiento de las condiciones de trabajo, los ecologistas que defendían el medioambiente, jóvenes anarquistas o simplemente descontentos, los granjeros de varios países, los consumidores en lucha contra los alimentos genéticamente modificados, etc.? Indudablemente no se trató de una mera coincidencia. A pesar de las diferencias entre los diversos grupos sociales y entre sus reclamos no menos heterogéneos, había algo en común entre todos los que allí estaban: la percepción de un enemigo compartido, encarnado allí en un símbolo visible como la OMC. No se trató meramente de la coincidencia de grupos de presión sin nada en común: entre los manifestantes había un elemento compartido, cuyo reconocimiento puede funcionar como base para una política articulatoria. Me refiero a la *experiencia de la alienación*. Cada uno a su manera, todos los grupos reunidos en Seattle sufren las consecuencias de haber sido alienados del control de una porción importante de sus propias vidas. Todos reaccionaron en forma de resistencia a tal situación y, en algunos casos, con proyectos concretos de recuperar el control —al menos parcial— de los mecanismos que el capitalismo y la globalización quitaron de sus manos. Los trabajadores quieren influir sobre las condiciones en que ellos mismos trabajan, y perciben que muchas de éstas ya no están en manos siquiera de los gobiernos de sus propios países; los ecologistas están planteando la necesidad de que las empresas se hagan cargo del costo de mantenimiento de un medioambiente medianamente vivible (costo que hasta hoy externalizan) y quieren que el poder de decisión sobre qué se produce y cómo se lo hace no se deje en manos del mercado internacional; los consumidores, a su modo, también reclaman poder de decisión ciudadana sobre la producción. Es, entonces, la experiencia múltiple de la alienación bajo el capitalismo globalizado lo que proporciona un suelo en común desde donde plantear una política articulatoria, y esto es lo que pudo verse, en forma incipiente, en Seattle. La resistencia fue claramente anticapitalista (en el sentido de resistencia a esa alienación), aun cuando no todos los grupos presentes plantearan un proyecto anticapitalista explícito.

Lo que resulta particularmente interesante es analizar la forma en que los sujetos se transforman como parte de la negociación de sus diferencias y de la dialéctica del reconocimiento. La extraña alianza que se vio en Seattle entre ecologistas y sindicalistas puede servir de ejemplo. Tradicionalmente, en EE.UU. ambos grupos no sólo han reclamado cosas (en principio) completamente diferentes, sino que han mantenido incluso relaciones verdaderamente hostiles. En las décadas pasadas, sindicatos y organizaciones verdes han chocado en una serie de cuestiones concretas: la construcción de plantas atómicas, la tala indiscriminada de bosques, la construcción de autopistas, las emisiones tóxicas de diversas plantas (especialmente las metalúrgicas), etc. Mientras los ecologistas se oponían a cada una de estas actividades, los trabajadores vivían el reclamo de los verdes como una amenaza a sus puestos de trabajo. Las cosas comenzaron a cambiar en 1993, cuando se debatía el acuerdo de libre comercio norteamericano (NAFTA). Los sindicalistas temían perder puestos de trabajo a favor de México, mientras que los verdes reclamaban por una política de pesticidas. Después de complicarle varias veces a Clinton la aprobación de algunas medidas, perdieron finalmente esa batalla. Sin embargo, unos y otros descubrieron que podían trabajar juntos, aunque todavía se sintieran en una alianza incómoda. El avance más importante fue precisamente en 1999, antes de Seattle. Varios grupos ecologistas y algunos sindicatos fundaron la *Alianza para el Trabajo Sustentable y el Medioambiente* (Alliance for Sustainable Jobs and the Environment), bajo la codirección de David Foster (Director de la sección noroeste de la *Unión de Trabajadores Metalúrgicos de América*), y Dave Brower (ex presidente de *Sierra Club* y fundador del *Earth Island Institute* y de *Amigos de la Tierra*). La alianza responde, en cierta medida, al ascenso de una nueva generación de líderes sindicales que es más permeable a las preocupaciones por las que los verdes vienen agitando desde hace años, y que concibe que la calidad de vida es algo más que pocas horas de trabajo y un buen sueldo. Pero además los sindicalistas comprenden que necesitan amigos nuevos si quieren hacer oír sus demandas, en la medida en que representan a un grupo minoritario de la sociedad, y que la tasa de agremiación ha descendido en las últimas décadas. Por su parte los ecologistas sólo pueden ganar con una alianza que sume partidarios a su causa, mientras que defender el empleo no es algo contradictorio con sus reclamos. Unos y otros comprenden que, si se trata de luchar contra grandes corporaciones económicas que manejan capitales inmensos, están bien organizadas y tienen excelentes medios para influir sobre los gobiernos, es conveniente sumar fuerzas. Lo interesante es que no estamos hablando aquí de una mera alianza táctica, sino de una que involucra cambios en la subjetividad. Existe una frase de un discurso del líder metalúrgico que a Brower le gusta repetir: "Si ustedes prometen hacer del trabajo sustentable una parte de la protección ambiental, nosotros les prometemos hacer de la protección del medioambiente nuestro trabajo más importante."[17] En las jornadas de Seattle, como puesta en escena de su nueva conciencia ecológica, los obreros metalúrgicos organizaron una farsa (la Fiesta del Acero de Seattle), en la que arrojaron falsas vigas a las aguas de la bahía, que luego se ocuparon de recuperar inmediatamente para no contaminarlas.[18] En este caso, articulándose en lucha contra un enemigo en común (la alienación llevada al extremo por la globalización), trabajadores y verdes negociaron diferencias y salieron de la negociación un poco cambiados: la dialéctica del reconocimiento hizo a los ecologistas un poco trabajadores, y a los trabajadores un poco ecologistas. Por supuesto, no conviene exagerar demasiado. Queda un largo camino por recorrer, y la alianza es frágil. Sin embargo sirve para ejemplificar de qué manera las luchas post Seattle pueden dar lugar a la articulación de un sujeto distinto, de composición no-homogénea, unido por un proyecto antes que por cualquier rasgo "genético", y con una conciencia global.

En el mismo sentido, a pesar de que podría parecer que no existe nada en común, en la lucha de las mujeres hay signos de convergencia con el movimiento de resistencia global. Sophie Zafari, coordinadora francesa de la Marcha Mundial de las Mujeres 2000, puso de relieve recientemente que es en las mujeres en quienes recae con mayor fuerza el

---

[17] En Robert McClure: "Look who's marching together, post-WTO", diario *Seattle Post-Intelligencer*, 16/12/99. La información precedente también está tomada de este artículo.
[18] El episodio lo relata Jeffrey St. Clair en "Seattle Diary: it's a Gas, Gas, Gas", *New Left Review* 238, nov.-dic. 1999.

deterioro de las condiciones de vida y de trabajo producto de la globalización. "La precarización del empleo, la reducción de la protección social, la marginalización de las poblaciones más vulnerables, son también consecuencias de esta mundialización económica cuyo peso soportan especialmente las mujeres; y esto se agrega y explica en gran parte debido a las discriminaciones de que siempre fueron víctimas." Así, por ejemplo, en períodos recesivos del nivel de empleo, son millones las mujeres despedidas. "En el Norte, las industrias basadas en el empleo de mano de obra femenina, como por ejemplo las textiles, han sido trasladadas, generando despidos masivos. La gran cantidad de mujeres, existentes entre los llamados nuevos pobres, está directamente ligada a la desocupación. En los EEUU, mientras que en 1940, un 40% de las personas que vivían en la pobreza eran mujeres, hoy en día esa cifra llega al 60%." Lo mismo vale para otros países. Y la situación de pauperización es especialmente pesada para las mujeres: "en épocas de recesión, la desocupación es mayor entre las mujeres pero la carga laboral efectiva no disminuye, especialmente en los países más pobres. En efecto la reducción de los ingresos que alcanza a la mayoría de las familias las obliga a desarrollar estrategias de supervivencia que aseguren la continuidad del mantenimiento familiar, lo que las conduce a realizar tareas extremadamente precarias en el trabajo informal, donde trabajan más y por menos dinero". Todo esto se ve empeorado notablemente para las mujeres con el deterioro de los programas de asistencia pública que los ajustes permanentes van eliminando. A esto se suma el hecho de que continúa existiendo una diferencia notable en los niveles salariales y en el tipo de empleo a los que hombres y mujeres pueden acceder, tanto en el llamado "primer mundo" como en el "tercero". Por ello, por ejemplo, "la circulación transterritorial de la mano de obra femenina, que es uno des los aspectos de la mundialización, acentúa esta realidad: las mujeres que emigran se ocupan casi siempre en el sector de los servicios, generalmente como domésticas [...]. Esto constituye una nueva división internacional del trabajo entre las mujeres de clase media y alta y las de las clases obreras de los países de origen".[19] Por su parte, en su intervención en la manifestación del 25 de junio en Ginebra, Lorraine Guay destacó que la globalización "capitalista, neoliberal y sexista" afecta especialmente a las mujeres, en forma de pobreza y violencia de todo tipo, y se apoya tanto "en un sistema inhumano regido por la competencia más absoluta y centrado en la

---

[19] Texto de Sophie Zafari, extraído del boletín informativo electrónico de *ATTAC* Argentina, N° 35.

privatización, la desregulación, el sometimiento de los derechos humanos fundamentales a la dictadura de los mercados" como en "una ideología patriarcal que continua manteniendo a las mujeres en una inferioridad cultural, en una desvalorización social, en una marginación económica, en una invisibilidad de sus existencias y de su trabajo, una mercantilización de su cuerpo, situaciones todas que configuran un verdadero apartheid". Y terminó concluyendo: "Es por tal motivo que la Marcha Mundial de las Mujeres, con más de 5000 grupos en 155 países, tiene por principal objetivo atacar al mismo tiempo las dos plagas sociales, no primero una y luego otra: la eliminación de la pobreza y la eliminación de la violencia hacia las mujeres [...] Queremos vivir inmediatamente en un mundo sin pobreza y sin violencia contra las mujeres, en un mundo que comparta equitativamente la riqueza y en un mundo basado en la igualdad entre mujeres y hombres. Es allí donde reside nuestro presente y nuestro futuro".[20] Por supuesto, de esto no se deriva necesariamente una alianza del movimiento feminista con el de resistencia global: eso dependerá de las políticas recíprocas de ambos. Sin embargo, existe mucho terreno para el trabajo en común. El movimiento de las mujeres también está intentando coordinar la lucha a nivel transnacional: como parte de la Marcha Mundial de las Mujeres del año 2000, en mayo pasado se realizaron exitosas manifestaciones en Burkina Faso, Níger, República Centroafricana, Bélgica, Canadá, Francia, Suiza y Haití. En varias de estas manifestaciones se eligió como blanco de los reclamos al FMI y otros organismos representativos del capitalismo global. Por otro lado, varias de las organizaciones y ONG que están coordinando la lucha anticapitalista a nivel global incluyen a dirigentes feministas y consignas feministas en sus programas.

Con los ejemplos analizados no pretendo sobredimensionar el alcance de los acuerdos, sino mostrar que, en tanto la alienación capitalista vulnera la situación de un conjunto heterogéneo de sujetos, es posible pensar una política articulatoria a partir de la dialéctica del reconocimiento.[21] Pero para ello habrá que abandonar definitivamente las ideas relacionadas de que existe *un* sujeto único o privilegiado de la emancipación, y de que los sujetos políticos existen como una *sustancia* ahistórica. La naturaleza del sujeto emancipatorio surgirá de la misma lucha y de los dispositivos culturales que en esa lucha emerjan.

---

[20] Discurso extraído del boletín informativo electrónico de *ATTAC* Argentina, N° 43.

[21] Demás está decir que en esta política articulatoria no hay lugar *para cualquiera*. La dialéctica del reconocimiento supone sujetos participantes que no tengan un interés estructural y necesario en oprimir o alienar a los otros.

Nuevas formas de organización y lucha

Los cambios en la subjetividad y en la forma de pensar la política, naturalmente, involucran cambios también en las formas organizativas. La Batalla de Seattle y los movimientos relacionados con ella muestran algunos elementos útiles para pensar nuevas formas de organizarse y de luchar.

En primer lugar, en general, las nuevas organizaciones que participan de la agitación global reivindican formas asociativas horizontales, tipo red, bastante laxas, en las que no es posible reconocer líderes o burocracias ni se exige exclusividad de sus miembros. Desde el punto de vista ideológico, al menos por ahora, se apoyan en manifiestos breves, con consignas lo suficientemente amplias como para que cualquiera que no sea un empresario se sienta identificado. Al mismo tiempo, esas consignas tienen un contenido claramente (a veces explícitamente) anticapitalista. Por si la amplitud fuera poca, varios de los grupos señalan que creen que todas las formas de opresión están interconectadas, por lo cual taxativamente apelan a una pluralidad de sujetos: trabajadores, mujeres, homosexuales, minorías étnicas, etc., sin establecer ninguna jerarquía entre ellos.

En segundo lugar, el tipo de actividades que se proponen realizar tienen un énfasis marcado en la lucha y agitación cultural, en la creación y difusión de valores anticapitalistas y libertarios. Así, por ejemplo, además de las formas de protesta tradicionales, el grupo norteamericano *Arte y Revolución* organiza talleres, carnavales, teatro callejero, conciertos, y acción directa coordinada; los ingleses de *Reclama la Calle* (Reclaim the Street) promueven enormes fiestas callejeras en lugares neurálgicos; los canadienses de *Cross-Canada WTO Caravan* organizaron una caravana que espera ser continental, deteniéndose en cada pueblo y desarrollando actividades culturales anti-globalización; una caravana similar llevó también a cabo el *Grupo de Trabajo de Turquía*. Por su parte, varias grupos funcionan comunicando y coordinando acciones con otras organizaciones como sindicatos, ONGs y asociaciones varias, como el caso de *ATTAC* Francia, o promoviendo la investigación y el debate intelectual, como el *Foro Internacional sobre la Globalización*.[22]

En tercer lugar, todas las discusiones y decisiones que se toman dentro de estos grupos son públicas y se difunden todo lo posible. No hay conciliábulos ni instancias a las que cualquier interesado no pueda acceder.

---

[22] Una interesante descripción de la vida cotidiana y actividades de uno de estos activistas puede encontrarse en el artículo de Marc Cooper aparecido en *LA Weekly,* 24 de marzo de 2000.

Por estas características, las nuevas organizaciones que están motorizando la globalización de la resistencia se encuentran en las antípodas de la política tradicional de los partidos de izquierda. Para aquéllas, la unidad no es un imperativo (ni siquiera es algo deseable) y la diversidad no es un obstáculo. La ideología está al servicio de la búsqueda de un consenso amplio (y no al revés), y las consignas están de acuerdo al nivel de conciencia real (y no a un maximalismo automático). Su forma de organización, en síntesis, refleja los cambios en la subjetividad que comentábamos más arriba. La forma en que se desarrolló la propia movilización en Seattle mostró algunas de estas nuevas características. Aunque la policía reprimió e intentó identificar y arrestar inmediatamente a los coordinadores de la manifestación, ésta siguió su curso sin grandes alteraciones. Comentan algunos de los organizadores que la policía, al enfrentarse con estructuras en red, sencillamente no sabía cómo actuar, a quién reprimir. En este resultado tuvo que ver la presencia de cuadros entrenados para la acción directa no-violenta en los campos de práctica de la *Ruckus Society*, que se dedica especialmente a eso. Los organizadores de la Movilización por la Justicia Global se preocuparon, por su parte, de garantizar un tipo de coordinación no jerárquico. Recomendaron a los manifestantes agruparse en pequeños "grupos afines" de gente conocida, capaces de actuar en situaciones límite y de tomar sus propias decisiones. Cada uno de estos grupos tendría que organizar su propia logística, y designar un representante en caso que fuera necesario negociar con la policía. Los organizadores, por su parte, en base a una convocatoria previa de voluntarios, proveerían "guardianes de la paz", y agentes de enlace y comunicación entre los grupos, más un cuerpo de abogados y observadores que garantizarían la seguridad de los eventuales detenidos y controlarían la actuación policial.

Es conveniente resaltar, como lo ha hecho el incansable Noam Chomsky, que lo de Seattle no nació espontáneamente o de la nada, sino que fue el resultado de mucho tiempo de planificación y organización, y de un trabajo cultural realmente importante. Es muy temprano aún para saber si estas nuevas formas de organización y lucha darán los resultados esperados o si estarán a la altura de las circunstancias. Sin embargo, aún si resultaran un fracaso, al menos no habrán contribuido a difundir los valores y la subjetividad autoritaria y alienada típicas de la izquierda tradicional. En cierto sentido, al proponer formas de lucha que *anticipan* el futuro deseado, estas organizaciones no pueden fracasar, aun si fracasan.

¿Un nuevo internacionalismo?

La prensa oficial y los voceros de los organismos financieros internacionales no se equivocan: Seattle anuncia el comienzo de la globalización de la resistencia al capitalismo global. La alarma que ellos mostraron parece desmesurada: después de todo fue una manifestación de sólo cuarenta mil personas. Sin embargo, se percibe en ella el comienzo de algo novedoso, y la recuperación del optimismo por parte de la izquierda. "¡Ganamos!", decían los grafittis en las paredes de Seattle, cuando todo había terminado.[23] Con escaso trabajo de concientización, la necesidad de la resistencia a la globalización parece abrirse paso entre un público hasta ahora poco politizado, conectando con preocupaciones casi viscerales. Como decía un adolescente en Seattle al que le preguntaron por qué estaba allí: "Me gustan las tortugas, y odio al jodido Bill Gates"[24]. La respuesta puede parecer graciosa, incluso descabellada; en todo caso no resiste un análisis de profundidad ideológica. Y, sin embargo, conecta a un nivel pre-ideológico una preocupación o un temor, con un enemigo visible, que es la cara misma de la globalización. El terreno es sin duda propicio. Que estas nuevas luchas sean el inicio de un nuevo internacionalismo dependerá de que la izquierda sepa aprovecharlo. Lo que todavía está ausente –y que es fundamental–, es una imagen creíble de sociedad futura, un proyecto que vaya más allá de las demandas específicas del momento. Sólo tal imagen de futuro servirá como amalgama de la diversidad de sujetos que puede comprometerse en una lucha anticapitalista. En la creación y difusión de ese proyecto la izquierda tiene una tarea inmediata.

En Argentina, el tipo de luchas y organizaciones descriptas está escasamente desarrollado. Existen algunos avances, como la *Red de Resistencia Alternativa* que fundaron El Mate y las Madres de Plaza de Mayo con otros colectivos de Perú, Bolivia, Bélgica y Francia, o la sección argentina de *ATTAC*, ambas de formación muy reciente. La gente de la experiencia "501" también está tejiendo contactos con otras organizaciones del mundo y organizando actividades con otros grupos del país. Por su parte, el

---

[23] Es necesario decir que en el fracaso final de la reunión de la OMC no sólo tuvo que ver la manifestación, sino las propias e insalvables diferencias entre los intereses de los países que iban a negociar, en particular entre el bloque europeo –que pretende continuar protegiendo a su producción agraria–, y los países exportadores de alimentos, que intentan forzar a Europa a eliminar esa protección.

[24] El episodio lo relata Jeffrey St. Clair en "Seattle Diary: it's a Gas, Gas, Gas", *New Left Review* 238, nov.-dic. 1999, p. 86.

sindicato docente CTERA participó en los encuentros para formar la *Sección latinoaméricana de Acción Global de los Pueblos*. Pero son movimientos apenas incipientes: Argentina está muy por detrás de otros países en este sentido. La contraparte de esto es un bajísimo nivel de conciencia global. Hace poco tiempo pudimos ver a algunos sindicatos tristemente comprometidos en una campaña culpando a los inmigrantes ilegales por la desocupación. También hemos visto grandes actos patrios multitudinarios, con el regreso de los desfiles militares (de la mano de De la Rúa), y en los que los músicos populares cantaban las marchas militares del canon patriótico-escolar. En los medios de comunicación también circulan mensajes de contenido nacionalista, explícito o implícito, intencionado o inconsciente. Desde sus programas de radio el periodista Daniel Hadad y otros libran una guerra contra los inmigrantes ilegales, culpándolos de todo mal. En el otro extremo, el programa más exitoso de la TV en 1999 –*Campeones*– planteaba una amistad poco creíble entre un gerente de empresa despedido por los nuevos dueños de su fábrica (extranjeros, por supuesto), y un obrero que había sido sucesivamente despedido por ese gerente y por los nuevos dueños. En el frente interno, entonces, conciliación: duerman tranquilos, los enemigos están afuera y no entre "nosotros", los campeones de la vida.

El problema de la lucha contra la globalización es que fácilmente se puede interpretar en clave nacional, como una lucha de "nosotros" contra un enemigo que viene de afuera. Apropiarse del sentimiento antiglobalización desde una perspectiva anticapitalista (y no nacionalista) dependerá de que sepamos organizar un trabajo cultural en ese sentido, que muestre que la globalización no viene de afuera sino de adentro. Por eso entristece ver que algunos reconocidos intelectuales de izquierda planteen el problema de la resistencia a las políticas de la globalización neoliberal en términos de "la Nación" vs. "los enemigos de afuera".[25] Ni siquiera el propio *Financial Times* –del que no pueden sospecharse ideas socialistas–, tiene inconvenientes en proclamar, a dos páginas, que "está empezando a formarse la primera clase dirigente de alcance mundial".[26]

Para enfrentar el capitalismo global con alguna posibilidad de eficacia, las estrategias políticas deben hoy dejar de plantearse exclusivamente en el ámbito nacional. Es necesario dirigir mayor energía a organizar

---

[25] V. "Recuperar la Palabra", en *Reunión*, Nº 7, Buenos Aires, junio 2000.

[26] "'Cosmocracia': la nueva élite del mundo globalizado", reproducido por diario *Clarín* (económico), 4/6/2000.

política en otros dos niveles: en el lugar de trabajo (reteniendo la mayor porción de plusvalía posible) y en el plano internacional (extendiendo el poder de decisión de la gente común sobre los movimientos de capital a nivel global). Pero para ello es preciso crear una subjetividad acorde, ella también transnacionalizada.

Palabras finales sobre el itinerario de un movimiento (Postscriptum, 2006)

Mucha agua ha corrido bajo el puente en los más de seis años que pasaron desde que este texto fue publicado. Lo que entonces apenas se insinuaba, se convirtió pronto en un movimiento social de escala planetaria. A la Batalla de Seattle siguieron movilizaciones "anticumbre" incluso más grandes e impactantes, como las de Barcelona o Génova, que obligaron a trasladar las reuniones cumbre del G8 o del FMI a zonas inaccesibles o a países de gobiernos dictatoriales. Los encuentros y debates internacionales –el Foro Social Mundial es el más conocido entre decenas de otros– contribuyeron a tejer redes entre movimientos, a hacer audibles muchas de sus demandas, y a proveer un marco en el que diseñar nuevas alternativas. En esta convergencia de espacios de acción directa y espacios de reflexión, hemos visto salir del Foro el llamamiento a lo que fuera la primera manifestación verdaderamente global en la historia de la humanidad: la protesta coordinada contra la guerra el 15 de febrero de 2003, en la que participaron millones de manifestantes en todo el mundo. Indudablemente, la indispensable conciencia global se ha ido abriendo camino en las luchas anticapitalistas.

Mientras crecía, el movimiento de resistencia global fue enfrentado diversos intentos de represión, disciplinamiento o cooptación. El Imperio respondió al aumento de la protesta global de la manera típica: desatando una guerra y utilizándola como excusa para limitar los derechos civiles. Los gobiernos y partidos del orden, por otra parte, se lanzaron a recapturar la lealtad de los votantes prometiendo agendas progresistas o nacionalistas y asumiendo, retóricamente, algunas de las críticas al neoliberalismo que las luchas sociales instalaron en el debate público. Algunas ONGs y agencias de financiamiento pusieron en marcha su sofisticado herramental para canalizar la energía insurgente de Foros y movimientos dentro de "proyectos" menos revulsivos. La política de la vieja izquierda, por su parte, ha hecho todo lo que estuvo a su alcance para parasitar y llevar a su molino las nuevas formas de protesta y organización.[27]

En parte por todos esos ataques, y en parte por sus propias limitaciones, el movimiento de resistencia global parece haber alcanzado hoy una meseta. Los tiempos del cambio social, sin embargo, no se miden en meses ni en años. La poderosa imagen de la "globalización desde abajo", y las ideas y los vínculos que ya ha alimentado, recién han comenzado a proyectar sus efectos.

---

[27] Me he ocupado de analizar más en detalle la trayectoria y limitaciones del movimiento de resistencia global en los siguientes textos: "What is the Point of Porto Alegre? Activists from Two Generations in Dialogue" [debate con Susan George], en *World Social Forum: Challenging Empires,* editado por Jai Sen, Anita Anand, Arturo Escobar y Peter Waterman, Nueva Delhi, The Viveka Foundation, 2004, pp. 130-135; "Elements of New Movement", en *Talking New Politics*, editado por Jai Sen y Mayuri Saini, Nueva Delhi, Zubaan, 2005, pp. 178-89; "Imágenes de la nueva y de la vieja izquierda", revista *El Rodaballo* (Buenos Aires), # 14, invierno 2002, pp. 41-51; "Les assemblées en Argentine, suivi de: Projet d'un 'Reseau mondial de mouvements sociaux'", en revista *Les temps maudits* (París), no. 16, mayo-septiembre de 2003, pp. 19-38; "Beyond the World Social Forum: the need for new institutions", en website *OpenDemocracy* (Londres), 20/1/2005, http://www.opendemocracy.net/debates/article-6-91-2314.jsp; "Argentina's Social Movement Goes Global. On the Argentine Social Forum", en website *Znet* (EE.UU.), www.zmag.org, 3/9/2002; "Antiglobalization: A New Crusade Against Capitalism?", en periódico *Moscow News* (Rusia), no. 35, 12/9/2002; "Another Forum is Possible: Whose Bridges are We Building? Do We Need a New International?", en website *Znet* (EEUU), www.zmag.org, 6/2/2003; "La conspiración de los iguales", "La trampa de la ONGización" y "Otro Foro es posible" (tres crónicas desde el *Foro Social Mundial* en Mumbai), en website *La Vaca* (Arg.), http://www.lavaca.org/actualidad/actualidad102.shtml, actualidad33.shtml y actualidad32.shtml resp., enero de 2004; "Bush in Argentina: Bringing Imperialism Back to Public Debate", en website *Znet* (EEUU), http://www.zmag.org/sustainers/content/2005-11/05adamovsky.cfm, 5/11/2005; "The Failure of the Summit of the Americas: Empire at a Crossroads?", en website *Znet* (EEUU), http://www.zmag.org/sustainers/content/2005-11/12adamovsky.cfm, 12/11/2005.

La patria de la emancipación
(y la angustia por la nación en la cultura argentina)[*]

La nación ha sido desde siempre una realidad incómoda para una tradición socialista que, desde sus orígenes, se reivindicó internacionalista. A raíz del surgimiento del movimiento de resistencia global, muchos anunciaron, desde el campo del nuevo anticapitalismo, el advenimiento de una política (por fin) "posnacional". Sin embargo, el apego afectivo y político a los estados-nación, incluso por parte de grupos de izquierda, se mostró más persistente que lo que algunos esperaban. Retomando la pregunta por los cambios en el sujeto emancipatorio, el siguiente artículo se propone una interpretación de los motivos y funciones perceptibles tras la notable proliferación de símbolos de lo nacional en la cultura argentina en los últimos años. Al mismo tiempo, se analizan críticamente los llamados a un nuevo apego a la nación presentes en el discurso político kirchnerista y en algunas contribuciones procedentes del campo intelectual.

---

[*] Ezequiel Adamovsky: "La patria de la emancipación (y la angustia por la nación en la cultura argentina)", *El Rodaballo* (Buenos Aires), no. 16, verano 2006, pp. 25-31. Se publica con pequeñas modificaciones estilísticas.

Desde hace algunos años se percibe una intensa angustia por la nación en la cultura argentina. Los síntomas se encuentran por todas partes. Si miramos en dirección a la música popular, por ejemplo, el notable *revival* folklórico de la última década encuentra ecos en el rock "barrial": "¡La Argentinidad al palo!", grita la *Bersuit*, mientras *Los Piojos* le cantan al viejo Jauretche y desprecian la música "importada". Los escritores, periodistas e intelectuales no se han quedado atrás en el rescate de lo nacional: Jorge Lanata se lanza a la búsqueda del "ADN de los argentinos" y, como Felipe Pigna, vende sus libros de historia por miles; mientras tanto resucita el interés por las conferencias de Norberto Galasso y la Biblioteca Nacional y el canal *Todo Noticias* (TN) organizan debates sobre la nación anticipando el Bicentenario de la Revolución de 1810. El discurso publicitario aporta en el mismo sentido: hemos visto a las más importantes corporaciones transnacionales (Chevrolet o CTI, por mencionar sólo dos) utilizando insistentemente la bandera y emociones nacionales para sus campañas. Incluso los *brokers* inmobiliarios venden terrenos para la elite en nuevos countries exclusivos (los llaman "chacras"), apelando al encanto de un regreso a las tradiciones campestres criollas.[1] Y finalmente, el discurso político: mientras el presidente Kirchner se presenta como campeón de la causa patria y convoca en su apoyo al pueblo y a una "burguesía *nacional*", varios movimientos sociales y políticos responden fundando, en diciembre de 2004, un "Frente Patria para Todos". Es que el estado *nacional*, según imaginan, es la "última trinchera" de defensa contra la globalización neoliberal.[2]

Esta proliferación de apelaciones y símbolos de lo nacional está indudablemente relacionada con la angustia por la disolución de la nación. Cierto, esta angustia no es patrimonio exclusivo de los argentinos: por todas partes –incluyendo los países más desarrollados– se perciben síntomas similares, a medida que la transnacionalización de la cultura, de la economía y de la política, junto con los intensos movimientos migratorios, erosionan algunas (sólo algunas) de las bases de solidez de los estados-nación. Pero la angustia se percibe quizás con mayor intensidad en

---

[1] Ver Maristella Svampa: *Los que ganaron: la vida en los countries y barrios privados*, Buenos Aires, Biblos, 2001, p. 88.

[2] Ver los documentos del congreso fundacional en *Desde los barrios* (órgano de prensa de Barrios de Pié), 13/12/2004. Hay muchos otros ejemplos recientes de apelaciones a la nación desde la izquierda, desde el grupo Quebracho y el Movimiento Patriótico 20 de Diciembre (MP20), hasta la toma del Cabildo que realizó el Movimiento Nacional de Empresas Recuperadas en julio de 2005, demandando "que se vaya el Virrey" (Kirchner) y "romper con el Imperio para recuperar la nación".

Argentina, uno de los laboratorios privilegiados de la barbarie neoliberal, donde se acercó como nunca, crisis mediante, el abismo de la disolución social. Valga recordar aquí, a título de ejemplo, el vértigo que se produjo en junio de 2001 cuando el diario *Clarín* publicó, de la pluma de Alain Touraine, la pregunta que todos temían formular: "Existen los argentinos, pero ¿existe la Argentina?". Para tranquilidad del lector, varios intelectuales salieron a confirmar que la nación existe.[3] La duda, sin embargo, quedó instalada.[4]

Ideogramas de la nación

Frente a una angustia tal se vienen delineando diferentes estrategias intelectuales y políticas. Curiosamente, no es como en otros tiempos la derecha la que se ocupa hoy de pensar lo nacional: por el contrario, los mayores signos de interés vienen de círculos "progresistas" o incluso de izquierda.

Persiste en secciones de la izquierda, cierto, una actitud de desdén presuntuoso respecto del sentimiento nacional. La nación, argumentan algunos, ha sido una invención del capitalismo; los estados nacionales han sido invariablemente instrumentos de introducción o expansión de las relaciones mercantiles, mientras que la identidad nacional fue movilizada frecuentemente con fines represivos y, en cualquier caso, puede conspirar contra el indispensable internacionalismo de las luchas emancipatorias. De estas constataciones de indudable veracidad concluyen que cualquier manifestación de sentimiento nacional, incluso si es en medios populares, es signo de "atraso" ideológico o incluso de fascismo en cierne. Y sin embargo, otros sectores de izquierda apuestan a recuperar el valor emancipatorio de la nación como "última trinchera", movilizando motivos actualizados del anhelo setentista por la "liberación nacional".

En el campo intelectual, la revista *El Ojo Mocho* produjo recientemente una de las intervenciones más relevantes en este debate. Desde el editorial de su último número se distancian del desdén del internacionalismo izquierdista de viejo cuño, al anunciar que no hay "sendas a la emancipación que puedan prescindir de los modos concretos en que existen las comunidades".[5] El número se dedica entonces a pensar la nación como el "modo concreto" predominante desde la irrupción de la moder-

---

[3] Ver "La Argentina se debate", *Clarín* (suplemento *Zona*), 3/6/2001.

[4] La duda se vuelve a hacer evidente, por ejemplo, en el artículo de María Seoane: "Para los argentinos, la Patria es un sentimiento de amor y de espanto", *Clarín*, 10/9/2005.

[5] "Editorial", *El Ojo Mocho*, no. 18-19, primavera-verano 2004, p. 5.

nidad. Y aunque algunas de las contribuciones individuales ponen en duda el potencial emancipatorio de la nación –o, para decirlo en otros términos, cuestionan que *nación* y *comunidad* (emancipada) puedan coincidir– la tónica general de la revista configura una operación intelectual de apego a lo nacional como vehículo de voluntades emancipatorias: "Pensar la política de una nación atendiendo a la existencia de sus mitos, puede ser un conducto prospectivo desde un pasado inmemorial hacia un futuro a construir [...] Puesto que, *qué es un país si no es una nación.*"[6]

Sin duda, la voz cantante en esta estrategia intelectual es la de Horacio González. Su aporte se muestra preocupado por pensar la productividad actual de la nación y de los mitos nacionales, pero sin barrer bajo la alfombra la evidencia de la fragmentación y los conflictos de la tortuosa historia argentina, marcada por discontinuidades, violencias y rupturas. Imagina entonces una definición paradojal de la nación, en la que la "viga central" –es decir, aquello que atestigua la "continuidad real" de la argentinidad más allá de sus fragmentos– es precisamente el conflicto y la tensión. Haciendo de tripas corazón, la genocida y excluyente dicotomía sarmientina entre "civilización y barbarie" aportaría, curiosamente, los principios de continuidad ininterrumpida y de homogeneidad que cualquier definición de nación requiere. Y es que, a pesar de genocidios y de exclusiones, González sostiene que cada "capa cultural" de la historia nacional –desde los aborígenes hasta la colonia, desde los inmigrantes europeos hasta la sociedad post-inmigratoria– ha sedimentado "dejando su huella" en el "crisol de linajes" que define la argentinidad: "La nación es la inevitable aglutinación de todas esas capas". Y es de ese legado que hay que tomar los elementos para la "refundación" de la nación, tarea fundamental del momento.[7]

Evidentemente, la visión optimista del "crisol de linajes" –que evoca aquella otra encubridora visión escolar de Argentina como "crisol de razas"– oscurece los innumerables linajes aplastados en nombre de la nación. Pero me interesa resaltar aquí sólo los linajes que excluye la propia operación intelectual de *El Ojo Mocho*, que subvierten su propia vocación de incluirlo todo. Porque de todos los elementos presentes en la cultura de los habitantes del suelo argentino de ayer y de hoy, *El Ojo Mocho* recorta un conjunto muy particular, habitado por Scalabrini Ortiz, los ferrocarriles estatales, Hernández Arregui, la nostalgia por YPF, y el peronis-

---

[6] "Panorámicas sobre la cuestión nacional" [introducción del Dossier, sin firma de autor], *El Ojo Mocho*, pp. 90-91.

[7] V. *El Ojo Mocho*, pp. 8, 25, 94.

mo. En el "arca argentina" de *El Ojo Mocho* –como en la del film de Sokurov– pretende albergarse un universo nacional completo en el que, sin embargo, no pueden dejar de notarse exclusiones sintomáticas. Valga como ejemplo la sarcástica velocidad con la que González despacha los deseos de vida más allá del Estado y de los políticos, que se dejaron ver luego de la rebelión de 2001; valga también su decisión de resaltar en cambio, del universo de características resaltables, la "familiaridad" entre el lenguaje piquetero emergente y el lenguaje del "peronissmus".[8] Así lo novedoso, aquello que no reconoce linajes en ninguna de las "capas culturales" procesadas en el mortero nacional, es negado y excluido doblemente: por el Estado que lo reprime y reabsorbe primero, y por quienes buscan reparo intelectual en la tradición del estado-nación después.[9]

La comunidad como problema de antropología filosófica

Comparto la idea de que no hay "sendas a la emancipación que puedan prescindir de los modos concretos en que existen las comunidades". Comparto también el malestar frente a un internacionalismo abstracto que rechaza las culturas e identidades concretas que son el corazón de las comunidades realmente existentes. ¿Cómo pensar entonces la nación fuera del desdén altivo de unos, y del obstinado nacionalismo de otros?

En un trabajo publicado también en *El Ojo Mocho*, Eduardo Grüner ha tenido el acierto de plantear esta cuestión en el plano de la antropología filosófica. La preocupación del autor se relaciona con las consecuencias políticas de ciertas ligeras lecturas del significado de la globalización: "¿No corremos el peligro de en cierto modo *olvidar* las responsabilidades locales, nacionales, en nombre de la 'mundialización' de la lucha?" De hecho, sostiene Grüner, la falsa idea según la cual lo social se encuentra hoy "desterritorializado", y la política de un "multiculturalismo despolitizado", se han transformado en un sentido común claramente funcional al poder. Por eso llama a la "refundación de una idea de lo nacional" como "arma estratégica" que permita resistir la falsa totalidad que proyecta la imagen de una globalización "armónica y desconflictuada". Este arma, aclara Grüner, es sólo un paso transitorio en el objetivo último de trascender el marco nacional hacia la "universalidad concreta"

---

[8] V. *El Ojo Mocho*, pp. 21-22.

[9] Martín Bergel ha llamado la atención sobre otros casos interesantes de negación de lo nuevo que el "bloqueo nacional" –así lo llama él– produjo recientemente dentro del campo intelectual argentino. Ver su artículo "Lo local, lo global, lo múltiple", *El Rodaballo*, no. 14, 2002, pp. 10-13.

de una civilización igualitaria, "socialista", donde todos tengamos derecho a la autodeterminación local en, ahora sí, una sociedad realmente "multinacional" o "multicultural".

Es para fundamentar esta opción estratégica que Grüner desciende al campo de la antropología filosófica. Porque "hay algo más en el 'sentimiento nacional' de las grandes masas que el mero poder de transmisión ideológica de las clases dominantes". El sentimiento de pertenencia a una "tierra concreta", la identificación con quienes comparten "unas mismas pautas culturales genéricas", la necesidad de construir genealogías que expliquen nuestro lugar en el mundo, el "efecto de reconocimiento" de nuestros propios cuerpos como semejantes a los otros "cuerpos" con los que vivimos, todo ello es tan antiguo como la civilización misma, y muy anterior "a la 'sobreimpresión' jurídico-política" que sobre estos elementos "haya realizado el estado-nación" burgués. La "tierra" y la "lengua" son los "sustratos más básicos" presentes en cualquier formación social histórica. El carácter comunitario de ambos es una mediación necesaria para la conformación de la subjetividad individual. En este sentido, no podría existir una comunidad "desterritorializada" o "deslingüificada". De allí procede el "momento de verdad" que contiene la "causa nacional": el sentimiento de la nacionalidad no es sólo ideología al servicio de la clase dominante, sino que expresa *también* la nostalgia por la comunidad de "tierra y lengua" erosionada por el capitalismo.[10]

El movimiento de Grüner hacia los terrenos de la antropología filosófica es fundamental, aunque no podamos compartir las conclusiones a las que arriba el autor. Es que la alusión a la "tierra", en el contexto de una discusión del "momento de verdad" de la nación y de una crítica de la idea de "desterritorialización", corre el riesgo de *esencializar* el vínculo de cada comunidad humana con un (*su*) territorio en particular (cosa que nos llevaría de vuelta a un nacionalismo herderiano *tout court*, justamente rechazado por el pensamiento contemporáneo). Existe sin embargo otra indagación reciente sobre la "naturaleza humana" –idea largamente expulsada del vocabulario de izquierda– que puede ayudarnos a avanzar. En su libro *Cuando el verbo se hace carne* (2003), Paolo Virno argumenta que el "invariable biológico" del *homo sapiens* se deduce de su común capacidad de lenguaje. El lenguaje como capacidad abstracta presente en cada individuo de la especie sólo se manifiesta, sin embargo, en una miríada de lenguas naturales (castellano, chino, francés, etc.) que

---

[10] Eduardo Grüner: "El otro mundo: La Nación como problema de una antropología filosófica", *El Ojo Mocho*, no. 18-19, primavera-verano 2004, pp. 100-107.

son propiedad de comunidades de hablantes concretas, históricamente situadas. Como capacidad biológica, el lenguaje manifiesta un carácter humano "transindividual", en la medida en que los órganos del habla están contenidos en cada individuo de la especie, pero despliegan su capacidad hablante sólo dentro de un "general intellect" comunitario concreto.

La centralidad del lenguaje es índice también de otras características del invariable biológico: la escasa "especialización" del *homo sapiens*, y su carencia relativa de instintos comparado con otras especies:

> la existencia de una facultad genérica distinta de la miríada de lenguas bien definidas, afirma límpidamente la índole no especializada del animal humano, es decir, su familiaridad innata con una *dynamis*, potencia, nunca pasible de realizaciones exhaustivas. Pobreza de instintos y potencialidad crónica: estos aspectos de la naturaleza humana, deducibles de la facultad del lenguaje, implican la ilimitada variabilidad de las relaciones de producción y de las formas de vida (…), la extrema contingencia de la praxis política.

A su vez, por ser un organismo "no especializado", el *homo sapiens* nace "desambientado": a diferencia de otras especies, no existe para él un lugar de pertenencia biológicamente determinado. De allí el papel central de la cultura como proveedora de un "pseudoambiente cultural" para la vida en común: "En tanto dispositivo a su vez biológico (es decir, funcional a la conservación de la especie), la cultura se obstina en estabilizar al 'animal indefinido', en mitigar u ocultar su desambientación".[11]

Para regresar a nuestra argumentación, podríamos decir que lo que se deduce del plano de una antropología filosófica es la necesidad absolutamente biológica de la pertenencia a una comunidad de hablantes concreta y a un ambiente cultural que estabilice nuestra constitutiva indefinición como especie. Volviendo el argumento contra el internacionalismo de viejo cuño, es necesario concluir que son vanas las apelaciones al ser humano "abstracto" en nombre de una normatividad cosmopolita que se pretende más "objetiva" que el "irracional" sentimiento nacional. Cualquier construcción de una nueva comunidad se realizará sobre la base material de los "pseudoambientes culturales" que nos hemos sabido dar hasta ahora (incluyendo las nacionalidades) y será, si es que alguna vez emerge, tan contingente como la nación mis-

---

[11] Paolo Virno: *Cuando el verbo se hace carne: lenguaje y naturaleza humana*, Buenos Aires, Cactus/Tinta Limón, 2004, pp. 167, 175, 177, 181.

ma.[12] Pero para volver el argumento también contra cualquier sustancialización de la nación, es preciso concluir que no es en el plano de la antropología filosófica en el que debemos indagar sobre su "momento de verdad". Porque, si bien el invariable biológico de la especie indica que no podemos vivir sino como parte de comunidades concretas, eso no quiere decir que la forma y el contenido de esas comunidades, su "morfología", deban ser los de la nación. Por el contrario, la nación es la forma "empírica", contingente, histórica, que han asumido recientemente la mayoría de las comunidades humanas, sin que pueda afirmarse que esto sea un resultado necesario de la evolución socio-histórica.[13]

Pero esto no significa, naturalmente, que podamos olvidar la persistente fortaleza del sentimiento de la nacionalidad, y su constante efectividad a la hora de movilizar lealtades políticas. El "momento de verdad" de este fenómeno concreto, su materialidad, aquello que lo hace *algo más* que una mera construcción ideológica, sin embargo, deben buscarse en el plano sociohistórico.

Está bien establecido el hecho de que los estados-nación surgieron en una época relativamente reciente como organizaciones político-jurídicas producidas por, e indispensables para, el capitalismo. Está también establecido que las elites embarcadas en el proyecto de formación de estados-nación fabricaron la idea de la nación a partir de una serie de mitos, tradiciones inventadas o reformuladas, símbolos e imágenes, nuevos vocabularios, prácticas culturales, etc. Este es el aspecto "ideológico" de la nación (en el sentido de que es concomitante con el dominio burgués).

Pero también hay que tener presente que, en su avance, el capitalismo destruyó las formas de vida comunitarias anteriores. Mientras lo hacía, reemplazó la relativa autonomía de las formas sociales locales por lazos heterónomos de cooperación socio-jurídicos de mayor escala, organizados a través de vínculos estatales y mercantiles (es decir, los estados-nación). La identidad nacional fue reemplazando paulatinamente (o al menos superando en poder) a las identidades locales previas, primero entre las elites y más tarde entre las clases subalternas. El estado-mercado

---

[12] Para una excelente exposición y crítica del cripto-normativismo implícito en la historiografía antigenealógica de la nación, ver Elías Palti: *La nación como problema: los historiadores y la 'cuestión nacional'*, Buenos Aires, Fondo de Cultura Económica, 2002.

[13] De hecho, la historia humana ha conocido diversas "morfologías" para la vida en sociedad. Para una interesante descripción de tales morfologías, y el lugar del tipo "nación" dentro de la historia de la humanidad, ver Jean Baechler: "La universalidad de la nación", en Marcel Gauchet, Pierre Manent y Pierre Rosanvallon (eds.): *Nación y Modernidad*, Buenos Aires, Nueva Visión, 1997, pp. 9-28.

expropió así el control local de las propias condiciones de existencia y, con ellas, el marco local de referencia cultural e identitaria.

Pronto, sin embargo, las luchas sociales antisistémicas —comenzando por la Revolución Francesa— comenzaron a reclamar derechos políticos sobre esas nuevas instancias jurídico-territoriales creadas por el capitalismo. Destruida la relativa autonomía de las formas de vida locales, las luchas democráticas se lanzaron a exigir el control de las instituciones impuestas. La historia es conocida: para hacer frente a esas luchas, las elites respondieron con un diseño institucional que permite un mínimo nivel de participación popular, siempre subordinado al poder de la clase dominante. Es lo que hoy llamamos "la democracia". Pero lo que importa aquí, para los fines de nuestra argumentación, es que la nación se convirtió *también* en uno de los nombres del deseo de una nueva *comunidad política* que reemplazara a las que fueron destruidas por el capitalismo. Las clases subalternas *también* utilizaron y movilizaron imágenes y símbolos nacionales para canalizar deseos emancipatorios, anhelos de igualdad y autonomía. Además de ser vehículo de la ideología dominante, en muchas ocasiones la nación también lo fue de una política con ribetes emancipatorios. Cierto, las naciones tal como las conocemos son formas de comunidad política devaluadas, alienadas, deformadas, contradictorias. Pero por el momento siguen siendo los únicos espacios importantes sobre los que se despliega, al menos, *alguna* forma de *polis*. Y eso es lo que explica su justa y necesaria supervivencia actual. Ese es su momento de verdad.

Presencias de lo nacional

Es precisamente el momento de verdad que contiene la idea de nación en convivencia incómoda con su contrario —la función ideológica de homogeneización y disciplinamiento social—, lo que hace de ella un asunto tan delicado desde el punto de vista político. La ambivalencia de las referencias a lo nacional que regresan hoy con fuerza inusitada no dan lugar a políticas simplistas. Esto es especialmente así en el escenario latinoamericano, en el que (a diferencia del caso europeo) el debilitamiento de los estados nacionales a manos de la globalización capitalista arrasó con los pocos elementos de ciudadanía social que habían logrado conquistarse en el siglo XX.

Tomemos, por ejemplo, el caso del discurso de Hugo Chávez y su recepción en Argentina. Hasta hace poco tiempo el venezolano se presentaba insistentemente como un líder nacionalista. Como parte de su estrategia y de los condicionantes a su gestión, movilizó el sentimiento nacional de sus compatriotas contra el imperialismo norteamericano. La batería de recursos retóricos y simbólicos incluyó la apelación a antiguos motivos del antiimperialismo setentista, entre ellos un intenso uso de la imagen de Bolívar y del mito de la "patria grande", ambos al servicio del fortalecimiento de su propia imagen como líder popular. A todas luces, el discurso chavista fue eficaz a la hora de movilizar lealtades políticas. Hasta aquí nada demasiado diferente al discurso de los caudillos populistas-nacionalistas típicos del pasado. Lo interesante son los usos políticos que este discurso habilita, y el impacto del chavismo en Argentina es un buen ejemplo.

Desde la asunción del poder, el gobierno de Kirchner viene movilizando símbolos y temáticas que remiten al nacionalismo setentista. El sentido contrainsurgente de esos usos se hace cada vez más evidente: no existe atisbo alguno, al menos por el momento, de que el discurso nacional oficial signifique en alguna medida real un cambio de modelo económico o de estilo de vinculación con el gran capital transnacional. Por el contrario, todo indica que la fraseología pseudo-antiimperialista de oposición al FMI y defensa de los "intereses nacionales" sólo busca recapturar la lealtad de los ciudadanos, puesta en cuestión por la rebelión de 2001. Como todo en el discurso del kirchnerismo, se trata de una conveniente apelación a varios de los símbolos del proyecto de la "liberación nacional" de los años setenta, de las luchas por los derechos humanos en los ochenta, y de la resistencia al neoliberalismo en los noventa, en suma, un *pastiche* de temas populistas y progresistas cuyo único fin es colonizar y obliterar los elementos de discurso emancipatorio que emergieron tras la debacle del régimen social en 2001.

La recepción de la "revolución bolivariana" en Argentina se conjuga de forma peculiar con este movimiento gubernamental contrainsurgente. Buena parte de los promotores de la figura del venezolano son peronistas y nacionalistas de viejo cuño, distantes de cualquier ideario emancipatorio. Pero lo interesante es la forma en que el discurso de la nación como "última trinchera" contra la globalización capitalista funciona como bisagra para tránsitos de izquierda a derecha. El itinerario del partido *Patria Libre* (que a su vez controla al grupo piquetero *Barrios de Pié*) es un buen ejemplo. Impactados por el chavismo –y aunque provienen de una matriz política marxista– decidieron hace poco privilegiar la lucha por "la nación" y eliminar el socialismo de su horizonte programático inmediato, e intentan encontrar en Kirchner un émulo del venezolano. La apuesta por el líder nacional los condujo recientemente a convertirse en grupo de choque al servicio del presidente, y a atacar físicamente a compañeros de otros movimientos sociales anti-kirchneristas cuando éstos se disponían a protestar contra el gobierno. Irónicamente, mientras *Patria Libre* tomaba ese paso Chávez hacía un tránsito inverso del nacionalismo al socialismo y sorprendía a todos, en 2004, anunciándose como un izquierdista en busca del "socialismo del siglo XXI". Lo interesante es que el movimiento intelectual del venezolano complejizó la forma en que parece percibir la articulación de lo nacional y lo global. Así, retomaba a fines de 2004 la idea de Trotsky de la "revolución permanente" para afirmar que "no hay solución nacional para los problemas; son globales y así debemos enfrentarlos".[14] De hecho, las apelaciones al discurso "nacional" bolivariano procedentes del proceso venezolano están habilitando también, junto con las lecturas puramente nacionalistas que mencionábamos más arriba, otras que apuntan a una internacionalización de los movimientos de resistencia al capital.[15]

Lo que nos importa a partir de este ejemplo es apuntar a la ambivalencia que el "momento de verdad" presente en la idea nacional habilita, especialmente en el contexto latinoamericano. Por un lado, la movilización de símbolos nacionales forma parte de estrategias populares para resistir la devastación de los derechos sociales que viene aparejada con el debilitamiento de los estados nacionales (por ejemplo en Bolivia, donde el reclamo de los movimientos sociales en lucha pasa por la *nacionalización/estatización* de los recursos energéticos). Pero, por el otro, no es menos visible la velocidad y habilidad del discurso del poder para utilizar ese resquicio con fines de disciplinamiento social muy convenientes para el dominio del capitalismo global (como se evidencia en el ejemplo del *pastiche* kirchnerista y el triste destino de *Barrios de Pié*).[16]

---

[14] Ver sus declaraciones en el marco del "Encuentro de Intelectuales y Artistas" realizado entre el 1 y 7 de diciembre de 2004 en Caracas.

[15] Por ejemplo en el proceso abierto con vistas a la confección de una "Carta social de las Américas" y, en alguna medida, la iniciativa del ALBA (Alternativa Bolivariana para las Américas) presentada por Chávez en la III Cumbre de Jefes de Estado y de Gobierno de la Asociación de Estados del Caribe, celebrada en la isla de Margarita en diciembre de 2001. En su impactante discurso en la Asamblea General de las Naciones Unidas en septiembre de 2005 Chávez pone claramente en cuestión que los temas más importantes para los pueblos puedan resolverse dentro del marco de los estados-nación, y avanza con propuestas postnacionales como la de crear una "ciudad internacional" como sede de una ONU verdaderamente democrática.

[16] Otras interesantes observaciones en torno de la ambivalencia de la apelación a lo nacional en América Latina en "El carnaval de un poder destituido: Entrevista al Colectivo Situaciones, por Sandro Mezzadra", *Il Manifesto* (Roma), julio de 2004; Alejandro Grimson y Mirta Amati: "Sociogénesis de la escisión entre democracia y nación: la vida social del ritual del 25 de mayo", inédito, mimeo, 2005.

Desde una perspectiva emancipatoria no se trata entonces de jugar a preservar aquellos símbolos del pasado que resulten efectivos a la hora de construir alguna "trinchera" que nos salve de la mundialización. Porque, *in extremis*, el "momento de verdad" de la apelación a formas de comunidad del pasado existe incluso en las formas más brutales y reprobables de resistencia a la globalización, de ningún modo progresivas, aunque sí políticamente movilizantes. Después de todo, también el terrorismo de Al Qaeda apela a la "última trinchera" de las formas (falsamente) tradicionales del radicalismo "nacional" panislámico, y lo hace con una efectividad indudable.

Para nosotros la fuga es *hacia adelante*: se trata de encontrar las *próximas* trincheras, y de definir cómo relacionarnos con el legado nacional mientras las hallamos.

Comunidades en cierne

Reconocer el momento de verdad presente en el sentimiento nacional significa, desde una perspectiva emancipatoria, aceptar que la nación como espacio vital de referencia identitaria no desaparecerá reemplazada por un mero ideal cosmopolita abstracto, sino sólo por obra de una *polis* emergente que sea superadora (y por ello integradora) del legado de la nación. Mientras tal emergencia no adquiera materialidad, no será momento de ningún altivo desdén respecto de ese legado, sino de respetuosa y comprometida insatisfacción.

La pregunta crucial para una política emancipatoria es, desde este punto de vista, no aquella acerca de la nación (aunque necesaria e importante), sino la que se ocupe de indagar las comunidades en cierne y sus posibles articulaciones con las naciones heredadas. La crisis referencial que experimenta la nación actualmente –de la que la angustia por la nación en Argentina no es más que un síntoma– está relacionada con la emergencia espectral de nuevas *comunidades políticas posibles* más acá y más allá de la nación, en el plano local y en el plano global.[17] No existen aún, pero sin embargo ya se dejan escuchar para quien tenga oídos dispuestos. Se han insinuado bajo diversos nombres, a menudo equívocos: "autonomía", "movimiento territorial" o "situación" en el espacio local; "re-

---

[17] La urgencia con la que algunos intelectuales progresistas han salido a atacar la posibilidad de cualquier política emancipatoria planteada a escala global me hace dudar. Una reacción tal puede ser interpretada como síntoma, pero también como reacción de autodefensa frente a la emergencia de comunidades postnacionales en cierne: un ámbito dentro del cual, quizás, no sabrían cómo desempeñar su papel de intelectuales.

sistencia global", "redes", "sociedad civil mundial", o "movimiento de movimientos" en el espacio global; "multitud" aquí y allí. A menudo los tres planos se presentan como excluyentes o aun antagónicos: en los debates dentro del campo emancipatorio hay quienes hablan de privilegiar el plano *global* dejando de lado el *nacional*; hay quienes consideran, en cambio, que la política global es pura "virtualidad", y que el espacio propicio para la lucha antisistémica real es el territorial o *local*; finalmente, como vimos, hay quienes apuestan al espacio nacional como único valedero (o al menos privilegiado). Quisiera argumentar que todas estas posiciones tienen algo de verdad; o, mejor dicho, que ninguna la tiene por separado. Porque no hay necesidad de tomar partido, al menos desde el punto de vista estratégico, por *un* espacio. Por el contrario, la lucha por la emancipación necesita articular una política *en los tres niveles.*

Para fundamentar esta hipótesis voy a tomar libremente un concepto con el que vienen trabajando los amigos del Colectivo Situaciones (aunque reformulado de una manera que quizás ellos no compartan). Definiré "situación" como la configuración singular de relaciones de poder y de cooperación que estructuran la vida social y determinan el horizonte de posibilidades de un colectivo, en el momento en que éste se conforma para resistir la dominación en alguno de sus aspectos. La política situacional no reconoce principios exteriores que asignen sentido y determinen estrategias independientemente de las exigencias internas de una experiencia de lucha concreta. Ahora bien, desde el punto de vista de una política situacional así definida —es decir, en inmanencia respecto del colectivo en cuestión— no hay disyuntiva posible entre lo *local*, lo *nacional*, y lo *global* (al menos en el plano estratégico). De hecho, la distinción de esos tres niveles es meramente analítica: las relaciones sociales capitalistas estructuran y permean los tres espacios, y se manifiestan *concreta* e *internamente* en los tres.

Tomemos, a título de ejemplo, el análisis de las líneas de poder y cooperación posibles/necesarias que atraviesan la experiencia de un hipotético colectivo de obreros industriales del conurbano bonaerense:

a) Dentro de la fábrica el patrón tiene posibilidades de ejercer su poder imponiendo una disciplina general, ritmos de trabajo y, hasta cierto punto, el nivel salarial; el sometimiento a esta situación es algo que comparten todos los compañeros de trabajo, por lo que el tejido de líneas de cooperación entre los obreros de esa fábrica es vital. Supongamos que la fábrica amenaza con cerrar, y el sindicato burocratizado al que pertenecen los obreros quita todo apoyo; el peligro inminente impulsa entonces a los obreros a buscar apoyos por fuera del lugar de trabajo.

b) En el barrio, el control político que ejerce el puntero del partido gobernante en esa zona tiene posibilidades concretas de interferir con la capacidad de autoorganización territorial que buscan los obreros; esta situación los afecta no sólo a ellos sino a otros colectivos de la zona y a varios de los vecinos en general. En este caso, las líneas de cooperación necesarias apuntan al espacio barrial en el que se sitúa la fábrica.

c) Pero en el espacio provincial se halla el foco de poder que controla la red clientelar que organizan los punteros. Los vínculos de cooperación necesarios para hacer frente a esta situación apuntan entonces a colectivos y grupos de todo el espacio provincial.

d) Por otro lado, es el Estado nacional el que tiene las mayores posibilidades de incidir en las escalas salariales, las inversiones, hasta cierto punto en el grado de explotación de la mano de obra, etc., y controla también el aparato judicial-represivo. Siendo esto así, el futuro de la lucha de nuestro colectivo dependerá en gran medida de su capacidad para articular redes de cooperación política en el espacio nacional.

e) Por último, cada vez más es en varios puntos de la estructura imperial donde se definen los flujos de comercio y de inversiones, las grandes decisiones macroeconómicas, etc. Para nuestro colectivo, la decisión de un inversor londinense, o una votación adversa en la Organización Mundial del Comercio (OMC), o una nueva política impulsada por el FMI, pueden ser la diferencia entre quedar desocupados o no, o recibir una represión más o menos intensa.

En síntesis, las líneas de poder y de cooperación posible que atraviesan la experiencia concreta de ese colectivo obrero bonaerense *forman parte de un continuo* que va del plano local más reducido al espacio global más amplio. El capitalismo se estructura y se manifiesta en formas concretas tanto en su lugar de trabajo y en su barrio, como en las reuniones de la OMC o el FMI, pasando por el Estado nacional. En todos los planos se afecta la autonomía de los obreros y se abren oportunidades de necesaria cooperación y articulación de luchas. En la medida en que esta articulación sea *inmanente* respecto de los propios grupos en resistencia, será una política emancipatoria *situacional*, sin importar que la lucha concreta se concentre ahora dentro de la fábrica, ahora en una política propia frente a una elección nacional, ahora en una contracumbre que ataque a la OMC. La lucha por la autonomía se da en todos los frentes al mismo tiempo (sin que esto impida que puedan priorizarse *tácticamente* frentes diferentes en distintos momentos). Las luchas emancipatorias son hoy necesariamente –si se me permite aplicar el neologismo de algunos colectivos anticapitalistas– "glocales": son "territoriales", pero están "desterritorializadas" al mismo tiempo (o, mejor aún, habitan un territorio global que puede serles propio). Por el contrario, el apego *exclusivo* al espacio político nacional, hábilmente movilizado por los discursos del poder, funciona como un bloqueo del *continuum de la situación*, un dispositivo de captura que busca imposibilitar la constitución de solidaridades extraestatales tanto en el espacio local (b) como en el global (e).

La patria de la emancipación

¿Cómo será el "amor a la patria" –para tomar la expresión de Hardt y Negri– de estas comunidades políticas "glocales" emergentes? ¿Será quizás como el primer *amor patriae* surgido en la Edad Media, época en que todavía no se vinculaba a ninguna institución de algún país o nación en particular, sino a una "*caritas* republicana" general? ¿Será así un compañerismo que trasunta "amor a la humanidad", un "patriotismo" que trasciende cualquier nacionalismo?[18] Es temprano para saberlo.

Y sin embargo, para quien no esté demasiado ocupado en apegarse a símbolos nacionales de dudosa actualidad, por todas partes hay síntomas de la formación de comunidades más allá y más acá de la nación. Si una comunidad es, ante todo, la comunidad "lingüística" de quienes se hablan y se escuchan, de quienes se reconocen como prójimos/próximos, ¿cómo no advertir las significativas expansiones, redefiniciones y cambios en este sentido, aunque sean incipientes? Ejemplos hay muchos. Tomemos la extraordinaria vitalidad política de los pueblos indígenas latinoamericanos, que se lanzan a reivindicar su carácter de "naciones" sujeto de derecho, pero sin dejar de considerarse parte del estado-nación territorial al que pertenecen. Valga aquí el caso de los aborígenes ecuatorianos que, agrupados en la CONAIE, decidieron *recientemente* comenzar a movilizarse en tanto "pueblos indígenas" antes que como "campesinos", su identidad política anterior, por una decisión estratégica consciente (reivindicarse como "nación", aunque sin renegar de la pertenencia a una nación ecuatoriana, les abría las puertas para reclamar una

---

[18] Michael Hardt y Antonio Negri: *Multitud: guerra y democracia en la era del Imperio*, Buenos Aires, Debate, 2004, pp. 75-76.

gama más amplia de derechos que los puramente económicos). En otras palabras, los indígenas situaron una nación "más acá de la nación" como espacio de anhelos de autonomía.

Otro ejemplo en el mismo sentido, quizás más claro, es el del EZLN. La compleja articulación política entre espacios local, nacional y global, y las nuevas identidades y narrativas que la vehiculicen, se insinúan ya, de alguna manera, en el discurso zapatista. Quizás en su lenguaje se perciban algunos de los elementos de lo que será un nuevo amor a la patria de la emancipación. Para empezar, notemos que la "Sexta declaración de la Selva Lacandona" (junio 2005) anuncia la profundización de una estrategia política que, en rigor, los zapatistas transitan desde el comienzo: la conjunción de varios espacios de acción política. Así, el EZLN tiene una política local en Chiapas (autonomía), una política más amplia de colaboración con otros pueblos indígenas y movimientos sociales de México (articulación) y de intervención "desde afuera" en la política estatal mexicana (interferencia), y finalmente una política más allá del espacio nacional dirigida a la "sociedad civil internacional" (solidaridad y lucha global). Esta política a la vez territorial y "desterritorializada" se refleja en las referencias a la propia identidad: los zapatistas se presentan como parte de una nación indígena que, sin embargo, no pretende dejar de ser parte de la nación mexicana. Pero su discurso también identifica a unos y otros como parte de una "humanidad" compuesta por "gente buena y noble", "común y corriente", que lucha contra el capitalismo. Incluso bromean con apelaciones a articulaciones "intergalácticas" que incluyan a otros planetas en la "globalización de la rebeldía". Así, se llaman a sí mismos un ejército de liberación *nacional*, y movilizan símbolos del pasado nacional mexicano (Zapata), para una política que no deja en claro dónde empieza y dónde termina exactamente la nación de pertenencia. Hablan de su "patria mexicana" y de la dominación norteamericana, pero a diferencia del discurso nacionalista, su "nación" no parece recortarse en oposición a otras naciones. El enemigo contra el que dicen luchar son "los capitalistas", "la explotación y los robos de los ricos y sus malos gobiernos aquí en nuestro México y en otros países del mundo". Las apelaciones concretas a los sujetos sociales de la emancipación son igualmente abiertas. Para su última movida estratégica, de carácter explícitamente "anticapitalista", invitan a sumarse "a los indígenas, obreros, campesinos, maestros, estudiantes, amas de casa, colonos, pequeños propietarios, pequeños comerciantes, micro empresarios, jubilados, discapacitados, religiosos y religiosas, científicos, artistas, intelectuales, jóvenes, mujeres, ancianos, homosexuales y lesbianas, niños y niñas". Pensando en un "nosotros" que incluya "todas esas rebeldías", los zapatistas apelan a un sujeto múltiple que contrasta con las visiones homogeneizadoras del "pueblo" implícitas en el discurso nacionalista.[19]

En Latinoamérica existen otros síntomas de comunidades en cierne que van más allá de las identidades nacionales. Un ejemplo posible es la "conversación" implícita entre las rebeliones de Argentina en 2001 y Ecuador en 2005, ambas completamente diferentes en sus motivos inmediatos, pero sin embargo aunadas en el repiqueteo de cacerolas, en las asambleas populares, y en la consigna "Que se vayan todos". En este caso, los símbolos y formas movilizados en las luchas sociales desbordan los repertorios culturales de la nación, para apuntar (¿deliberadamente?) a una comunidad de hablantes/prójimos más amplia.

Para salir del espacio más próximo, sirva también de ejemplo el notable surgimiento de un nuevo "patriotismo europeo", desconocido hace apenas un par de décadas, y que a nivel popular se liga difusamente con el ideal de una "Europa social" contraria a la Europa del capital.[20] Más aún, la insistente imagen de que "otro mundo es posible", y la vitalidad del movimiento alterglobalizador a la hora de crear nuevos lenguajes, imágenes e incluso mitos que pueblen ese nuevo mundo posible, y que sean compartidos más allá de las diferencias nacionales, es un ejemplo insoslayable en el espacio europeo.[21]

En ninguno de estos casos mencionados el legado de la cultura nacional de cada cual parece vivirse como necesariamente antagónico respecto de las nuevas identidades emergentes, aunque tampoco como cantera única o privilegiada para la creación simbólica del nuevo patriotismo que, quizás, acompañe al mundo "donde quepan muchos mundos", la patria *nuestra* de la emancipación.

Buenos Aires, agosto de 2005

---

[19] En este sentido, la estrategia "desagregada" de apelación de los zapatistas parece desafiar el supuesto de la lógica inevitable del populismo según Ernesto Laclau, en la que es siempre *una* de las equivalencias la que asume el carácter definitorio que da consistencia a un "pueblo". V. Ernesto Laclau: *La razón populista*, Buenos Aires, Fondo de Cultura Económica, 2005.

[20] Algunos datos estadísticos respecto de la extensión del "patriotismo europeo" pueden encontrarse en Jeremy Rifkin: "Lecciones de Europa en un escenario cambiante", *Clarín*, 24/10/2004.

[21] Ver en este sentido la entrevista a Wu Ming publicada en el número 15 de *El Rodaballo* (invierno 2004) y el artículo de Amador Fernández Savater et al. "Ingredientes de una onda global", aparecido en El Rodaballo, no. 16, verano 2006. Para un mapeo de la "cultura" y los símbolos del movimiento global en general, quizás la mejor fuente sea el libro *We Are Everywhere: The Irresistible Rise of Global Anticapitalism*, editado por Notes from Nowhere, Londres, Verso, 2003.

Tercera parte

Formas de organización y estrategia para una política autónoma

El movimiento asambleario en Argentina: balance de una experiencia[*]

Para todos los que estuvimos involucrados de una u otra forma, la rebelión argentina de 2001 y los intensos experimentos de autoorganización que le siguieron fueron una ocasión privilegiada para repensar las estrategias de un nuevo anticapitalismo y las formas organizativas que pudieran vehiculizarlas. Pasadas a través del tamiz de la práctica, algunas convicciones salieron fortalecidas, mientras que otras, que hasta entonces eran certezas, se iluminaron en sus limitaciones. En todo caso, como sucede en todo proceso profundo de movilización social, las ideas enfrentan su momento de verdad. El texto que sigue es un ejercicio de balance crítico de los alcances y limitaciones del movimiento de asambleas populares, con la esperanza de que puedan dejarnos un aprendizaje para luchas futuras.

---

[*] Ezequiel Adamovsky: "El movimiento asambleario en Argentina: Balance de una experiencia", *El Rodaballo* (Buenos Aires), no. 15, invierno 2004, pp. 12-20. Se publica con pequeñas modificaciones estilísticas.

Inmediatamente después de la rebelión de los días 19 y 20 de diciembre de 2001 en Argentina, surgió un nuevo movimiento social de "asambleas populares". En muy poco tiempo, más de ciento cincuenta asambleas de entre quince y trescientos vecinos se formaron *espontáneamente* en Buenos Aires, y otras en Córdoba, Rosario, Mendoza, Santa Fe y otras ciudades. Ya en enero de 2002 se organizó una coordinación de estas asambleas, primero a nivel de la ciudad y luego a nivel nacional: la asamblea "Interbarrial de Parque Centenario" y la "Interbarrial nacional". El fenómeno prometía convertirse en una fuerza social arrolladora. Luego de casi un año de intensa actividad, sin embargo, el movimiento asambleario comenzó a mostrar signos de decaimiento: muchos vecinos se alejaron, y las "Interbarriales" e incluso muchas asambleas locales desaparecieron. Hoy, a más de dos años de la rebelión, sólo algunas de aquéllas asambleas iniciales siguen trabajando, menguadas en energía y en concurrencia.

Lo que sigue es un intento de realizar un balance crítico del movimiento, basado en mi experiencia como miembro de la Asamblea Popular Cid Campeador y en esfuerzos previos por pensar nuestras prácticas.[1]

El significado de un nuevo movimiento

Como todo nuevo movimiento social, el asambleario surgió en una grieta del sistema de representación. En la Argentina de fines de los años noventa, como en el resto del mundo, el andamiaje político-institucio-

---

[1] Participo en esa asamblea desde su fundación, en enero de 2002. Mis esfuerzos por pensar nuestras prácticas pueden seguirse paso a paso en los siguientes textos: "Imágenes de la nueva y de la vieja izquierda", revista *El Rodaballo* (Buenos Aires), n° 14, invierno 2002; "¡Que se vayan todos! (¿Y después qué?)", boletín *Asamblea Popular Cid Campeador* (Buenos Aires), n° 6, 24/7/2002; "Hipótesis sobre el 'Piquete Urbano' y las formas de coordinación asamblearias", en website *La Vaca* (Arg.) www.lavaca.org [repr. en www.argentina.indymedia.org]; "Reflexiones acerca de las Asambleas en Argentina, y sobre el proyecto de una 'Red Mundial de Movimientos Sociales'", dos presentaciones en el 3er. Foro Social Mundial, Porto Alegre, 24-25/1/2003 [publicadas en www.zmag.org/ adamovskyargen.htm; trad. en francés: "Les assemblées en Argentine, suivi de: Projet d'un 'Reseau mondial de mouvements sociaux'", en revista *Les temps maudits* (París), n° 16, mai-sept. 2003, pp. 19-38]; "Pots, Pans, and Popular Power: the Neighbourhood Assemblies of Buenos Aires", en *We are Everywhere: The Irresistible Rise of Global Anticapitalism*, ed. por Notes from Nowhere, Londres, Verso, 2003, pp. 422-27; "¿Qué quedó del *Que Se Vayan Todos*? Las elecciones en Argentina y el futuro del movimiento social", 17/5/ 2003, en website *La Vaca* www.lavaca.org [repr. en www.argentina.indymedia.org]; "Autonomous Politics and the Autonomists", en website *Znet*, www.zmag.org/sustainers/content/2003-11/14adamovsky.cfm, 16/11/2003. También nutren mi libro *Anticapitalismo para Principiantes: la nueva generación de movimientos emancipatorios*, Buenos Aires, Era Naciente, 2003.

nal diseñado para canalizar/expropiar la energía constituyente de los habitantes daba muestras cada vez mayores de inadecuación. Concebido hace más de dos siglos, y perfeccionado desde entonces, el sistema conocido como "democracia liberal" se vuelve cada vez menos eficiente a la hora de contener las tensiones del capitalismo en la era de la globalización. En Argentina, este proceso se vivió de manera particularmente aguda: políticas neoliberales de una profundidad y violencia mayores que en otros casos generaron efectos fuertemente destructores de lo económico y disolventes de lo político. El rápido deterioro económico de la Argentina a partir del golpe militar de 1976 –acelerado durante los noventa– y la pérdida de credibilidad del régimen político –corrompido por el poder del dinero y cada vez más dependiente de la voluntad del FMI y las grandes corporaciones– son suficientemente conocidos, y no volveré aquí sobre esas cuestiones. Lo importante es visualizar los desplazamientos de sentido políticos de los que las grietas del sistema son a la vez indicios y factores productivos. "Que se vayan todos" (QSVT), la consigna principal de la rebelión, es uno de esos desplazamientos de sentido. Las asambleas, por su parte, emergen inesperadamente del horizonte de posibilidades abierto por esa consigna.

Es difícil establecer el origen del QSVT, y mucho más seguir los múltiples significados que adquirió a través del tiempo. Es probable que la consigna haya surgido, paradójicamente, de una mutación de sentido de mensajes neoliberales previos. Desde mediados de los años ochenta la prensa *mainstream* se había dedicado a una campaña sistemática de desprestigio de los políticos y del Estado en general, con el fin de legitimar el proyecto privatizador y antisocial del neoliberalismo, es decir, el predominio del mercado como mecanismo único de organización de la vida social. Esta crítica se combinaba con otra en el mismo sentido, pero de carácter más puramente moral, contra la flagrante corrupción de los funcionarios públicos. El ataque a los políticos y lo político alcanzó niveles tan virulentos que grandes sectores de la prensa llegaron a promover la abstención o la anulación deliberada del voto en las elecciones legislativas anteriores a la rebelión. Ante la torpeza del gobierno de De la Rúa para manejar la crisis económica, la gente que participó en el cacerolazo la noche del 19 de diciembre de 2001 retomó y llevó al extremo el mensaje aprendido en años de campaña antipolítica, y acuñó el QSVT. Pero el cambio en el *acto de enunciación* del mensaje antipolítico abrió las puertas a un profundo desplazamiento de sentido. Al trasladarse de la prédica de la prensa, recibida *pasivamente* por los espectadores, a la voz de miles de vecinos movilizados en las calles por propia decisión, el rechazo de los políticos adquirió un significado completamente diferente. Para los neoliberales, "fuera los políticos" significaba un mundo de consumidores, sin ciudadanos; los vecinos que cantaban QSVT en la Plaza de Mayo y ocupando el *espacio público* por toda la ciudad, por el contrario, afirmaban su *soberanía* política a través de ese mismo acto.

"Que se vayan ellos, que acá estamos nosotros". De esa mutación de sentido surgieron las asambleas. El horizonte de posibilidades abierto por la perspectiva de un mundo sin políticos, pero con sujetos activos encontrándose en las calles, abrió la grieta por la que, sin premeditación, se colaron las reuniones de vecinos decididos a deliberar y decidir por ellos mismos.

Quizás estas primeras reuniones obedecieran a un impulso casi *instintivo* frente al sentimiento de desolación producido por una economía y un sistema político en añicos. Nadie las planificó ni organizó de antemano. Ningún partido o líder las había propuesto o llamado. Frente al colapso de una sociedad organizada a partir del mercado y del (su) Estado, muchos vecinos sencillamente volvieron al *grado cero de la vida social*: el encuentro con el prójimo (próximo) a través de la palabra.

A esta forma y contenido primigenios –el encuentro y la palabra– fueron sumándose formas y contenidos más complejos, y que no eran obvios ni necesarios. Desde el nombre mismo, "asamblea", las reuniones de vecinos fueron abrevando de las pocas experiencias y discursos disponibles y no sospechados, y adaptándose a su propia realidad. El *rechazo de toda forma de representación*, muy fuertemente instalado desde un comienzo, fue seguramente resultado de la desconfianza respecto de los representantes y los partidos, ambos en profundo descrédito. A su vez, el recurso a la *acción directa* (no utilizábamos esa expresión al principio) deriva de tal rechazo a las instituciones representativas. La defensa de la "horizontalidad" –otra novedad en el vocabulario político de esos días– también se transformó en uno de los principios rectores de las asambleas. En su origen, seguramente estuviera tanto la desconfianza respecto de los líderes y autoridades existentes, como la reacción frente a los militantes de partidos de la izquierda jerárquica que pretendían manipularnos e imponernos sus "programas". Otras formas y contenidos fueron ingresando paulatinamente, y muchos permanecen como terreno de disputa dentro del movimiento. Muchas asambleas, por ejemplo, pronto adoptaron un discurso claramente anticapitalista. En el plano puramente formal-procedimental, algunas optaron por las listas de oradores o las votaciones por mayoría y minoría, mientras que otras prefirieron el debate espontáneo o las decisiones por consenso. Las opciones en uno u otro sentido estaban condicionadas tanto por la presencia de gente con tal o cual experiencia previa, como por el grado de confianza y respeto mutuos que los vecinos lograran generar.

Otro terreno de disputa fue y sigue siendo el de la estrategia política a adoptar en lo referente a la construcción de poder y al Estado. Para algunos, el concepto de "autonomía" –otra novedad en nuestro vocabulario político–, combinado con el de horizontalidad, ayudaba a pensar estrategias no centradas en la "toma del poder" mediante partidos y a construir, en cambio, "contrapoderes" más ligados al trabajo territorial y a través de redes sin autoridad central. La ola de tomas de edificios e instalación de centros sociales autónomos protagonizada por las asambleas hacia mediados de 2002 es un buen ejemplo de esto. Otros asambleístas, sin embargo, continúan apegados a la herencia socialista o populista, e imaginan la construcción de un movimiento que lleve a "uno de los nuestros" al poder. En rigor, todas estas ideas novedosas venían siendo exploradas por grupos de activistas ya desde, por lo menos, mediados de los noventa. Pero fue la grieta abierta por el QSVT, el desplazamiento de sentido que operó la rebelión, lo que permitió la "contaminación" de vastos sectores de la sociedad con esos saberes hasta entonces casi herméticos.[2]

---

[2] Todavía está sin escribir la historia de cómo se abrieron paso las ideas de horizontalidad, autonomía, consenso, etc. y la actitud de rechazo de la representación en general. Algunos elementos pueden encontrarse en Raúl Zibechi: *Genealogía de la Revuelta*, Buenos Aires, Letra Libre/Nordan, 2003. Para el caso de la Ciudad de Buenos Aires, Martín Bergel me apunta algunos precedentes interesantes. La agrupación HIJOS –formada por hijos de desaparecidos– y algunos grupos estudiantiles y círculos de revistas venían explorando ideas similares desde mediados de los años noventa: entre otros, *Dialektica*, *El Rodaballo*, *Acontecimiento*, o el *Colectivo Situaciones*. Por otro lado, la experiencia de desobediencia electoral propiciada por el "grupo 501" en 1999 se organizó en asambleas y planteó la cuestión de la horizontalidad y el rechazo de la representación de forma explícita. Algunos de los miembros de "501" participaron luego en lo que fue probablemente el primer colectivo de resistencia global en Buenos Aires, *Primavera de Praga* (PP), que desarrolló sus actividades entre mayo de 2000 y mayo de 2001. PP tenía cinco principios rectores: horizontalidad, autonomía, anticapitalismo, internacionalismo y creatividad en el desarrollo de nuevas formas de hacer política. A las asambleas de PP concurría Luis Zamora –se sentaba en un rincón silenciosamente y tomaba nota de todo– y varios ex-trotskistas de los que luego crearían el partido *Autodeterminación y Libertad*, que hizo propias las ideas de horizontalidad y la crítica de la representación y que logró captar mucho del descontento en las últimas elecciones antes de la rebelión de 2001. Los cientos de activistas que motorizaron todas estas experiencias tuvieron una participación muy activa en el movimiento asambleario, por el que sentían una afinidad natural. Esta lista de precedentes y "agentes contaminantes" no pretende ser exhaustiva: seguramente existen muchos otros que ignoro o he olvidado.

En cualquier caso, y más allá de contenidos explícitos o procedimientos formales, lo que más importa del movimiento asambleario son los procesos y cambios casi invisibles que su funcionamiento cotidiano genera y atestigua. El plano donde esto se hace particularmente evidente es el de las identidades socio-políticas. Tanto la heterogénea composición de las asambleas como sus pautas de funcionamiento horizontales hicieron indispensable un proceso continuo de *negociación de diferencias*, y la puesta en cuestión de las identidades heredadas.

En el caso de mi asamblea esto se evidenció de varias maneras. Por ejemplo, en el tozudo rechazo a identificarse como "de clase media", según la veloz sociología que proponían los medios de comunicación. Por otro lado, las identidades que proponía el discurso de izquierda tradicional tampoco podían aplicarse sin un evidente forzamiento: no éramos "clase obrera", ni estábamos dispuestos a portar con culpabilidad una identidad de "pequeñoburgueses". La asamblea asumió con orgullo, en su propia autopercepción, la alianza tácita que la rebelión instaló entre clase media y los sectores populares. De los primeros integrantes de la asamblea, sin embargo, podría decirse que pertenecían a la clase media porteña. Y, aun así, la voluntad de romper con las divisiones de clase a que nos somete el sistema hizo que la asamblea se volcara constantemente a tejer lazos con las clases populares hasta, pasados unos meses, incorporar *efectivamente* miembros de esas clases. De más está decir que esto no fue un proceso sencillo, ni mucho menos concluido: las tensiones y prejuicios *de clase* se nos colaron y siguen colando de mil maneras en el lenguaje, en el trato, en la distribución de tareas, etc.

Asimismo, la asamblea permitió hasta cierto punto la negociación de las identidades nacionales, un poco por el aporte de un internacionalismo consciente de algunos miembros, y otro poco por la presencia de integrantes que, de hecho, no habían nacido en Argentina. Retrospectivamente, me resulta evidente que fuimos pasando de concebirnos protagonistas de una lucha puramente nacional, a pensarnos como parte de una lucha global. En este proceso fue fundamental la imagen de nosotros mismos que nos devolvía el *Otro* extranjero: las decenas de activistas internacionales que pasaron por nuestra asamblea, los informes sobre las repercusiones de nuestras luchas y nuestras ideas en otros países, y la participación en acciones de solidaridad con movimientos en lugares distantes del globo reforzaron la tendencia hacia el debilitamiento del componente *nacional* de nuestras identidades primarias. Otras formas de negociación de identidades –por ejemplo las de género y las generacionales– se hicieron también evidentes.[3] En suma, las asambleas no sólo son producto de una *multiplicidad* de sujetos sociales, sino también, al menos potencialmente, *agentes productores de multiplicidad*.

En conclusión, diría que el significado histórico del movimiento de asambleas reside en que señala (en su doble sentido: atestigua y produce), junto con otros movimientos similares, una transición hacia *una nueva forma de concebir la política emancipatoria*. Recuperando mucho del legado de la izquierda tradicional, las asambleas sin embargo marcan desplazamientos en varios sentidos fundamentales. En la producción de espacios de deliberación, autonomía y acción directa, el movimiento se aparta de la política puramente estatal y representativa; en su funcionamiento horizontal tanto como en la producción de horizontalidad y multiplicidad, las asambleas se alejan de la política jerárquica y autoritaria de la vieja izquierda y de su concepción sustancialista y limitada del sujeto emancipatorio. Finalmente, las asambleas producen una superposición de las nociones de "forma" y "contenido" y las de "medio" y "fin", a la vez que ponen en cuestión la concepción lineal del tiempo propia de las narrativas de izquierda anteriores. Se ha criticado muchas veces a las asambleas por carecer de un "programa" político. Sin embargo, en el funcionamiento asambleario, es el propio *procedimiento* (forma) el que está preñado de los *contenidos*. El "programa" de una asamblea –si pudiera llamárselo así– consiste en la multiplicación de espacios asamblearios, es decir, la creación de un mundo a su imagen y semejanza: horizontal, múltiple, abierto, y libre (es decir, autónomo). Por ello, a diferencia de la concepción instrumentalista de la política propia de la vieja izquierda –que genera una disociación entre medios (jerárquicos y autoritarios) y fines (igualdad y libertad)– en la política asamblearia medios y fines coinciden. En otras palabras, las asambleas prefiguran o *anticipan* el mundo que desean.

Es por todo esto que las asambleas también subvierten la concepción del tiempo cara a las tradiciones revolucionarias del pasado. La política emancipatoria tradicional se basa en la narrativa de un tiempo lineal, en el que la tarea del presente es destruir el pasado y acumular fuerzas para avanzar hacia un punto radiante y conocido, ubicado en el futuro. Así, tanto la identidad del sujeto emancipatorio –la "clase obrera (indefectiblemente) revolucionaria"– como el carácter instrumental de la forma de

---

[3] Presento ejemplos concretos en mis textos "Imágenes de la nueva y de la vieja izquierda" y "Pots, Pans, and Popular Power" (v. supra). Ver tb. Ana María Fernández et al.: "El mar en una botella", *Cuadernos del Sur*, n° 33. *Revista de la Universidad Nacional de Quilmes*, Buenos Aires, 2002.

organización (el partido centralista que acumula poder) y el contenido del "programa" (la sociedad comunista) apuntan hacia el futuro. El imperativo de un tiempo lineal así concebido es tal, que el pasado –es decir, los sujetos tal como arriban a las luchas con sus identidades forjadas por su propia experiencia vital– y el presente –el momento de la lucha y la construcción de un movimiento emancipatorio– se sacrifican en favor de un futuro premoldeado. El presente se lee en clave teleológica: sólo tiene sentido si desemboca en el futuro esperado. Desde este punto de vista, el declive actual de las asambleas sólo puede ser interpretado como fracaso: no acumulan, ergo, se retrocede en el camino; desaparecen, ergo, no sirvieron al fin.

Sin embargo, la nueva política emancipatoria que el movimiento de asambleas ejemplifica cuestiona la linealidad temporal del camino a la emancipación. Pasado, presente y futuro conviven "reconciliados" en un presente que es el que encarna el momento de la utopía. El proceso de negociación de diferencias descrito más arriba implica una dialéctica de reconocimiento mutuo de los sujetos en lucha que, por su misma naturaleza, supone la aceptación (reconocimiento) del pasado como componente del presente *por derecho propio*. Pero, a su vez, la negociación de diferencias en el presente es orientada no por un futuro externo y predeterminado, pero sí por un horizonte de expectativas y posibilidades que *la propia lucha presente construye* y que, por ende, permanece necesariamente *abierto*. Por todo esto, la efectividad política de las asambleas no puede medirse en términos de un supuesto futuro que les es ajeno, ni en función de su acumulación de poder o su continuidad ininterrumpida. Por el contrario, la "productividad" del hecho asambleario sólo puede medirse en términos de los horizontes de posibilidad que inaugura, de las preguntas que habilita, de los desplazamientos y rupturas que genera en el proceso de invención de una nueva cultura política. Y, en la medida en que este proceso es colectivo y global –es decir, excede la situación del movimiento asambleario argentino– el éxito o fracaso de las asambleas tampoco puede medirse por su simple continuidad temporal. Las asambleas podrían perfectamente desaparecer y, sin embargo, eso no supondría necesariamente el fracaso del movimiento como tal: los desplazamientos políticos que contribuyeron a generar, las ideas y experiencias que exploraron, podrían mutar de forma y/o alimentar y "contaminar" a otros movimientos. Por el contrario, la continuidad ininterrumpida de lo mismo a través del tiempo, sin cambios de formas, bien puede ser signo de esterilidad política (prueba de ello es la improductiva supervivencia de los partidos de izquierda tradicional).

En este sentido, me resulta indudable que el movimiento asambleario, junto con los otros movimientos similares, fue de una enorme productividad emancipatoria *justamente porque contribuyó a interrumpir las narrativas del poder* (tanto las del Estado como las de la izquierda tradicional). En la Argentina, un país marcado por una imaginación política fuertemente jerárquica –no sólo en su vertiente populista-peronista, sino incluso en la de la izquierda– la irrupción de ideas y prácticas basadas en la horizontalidad, la multiplicidad y la autonomía representan una verdadera revolución cultural. Los efectos de esta ruptura, por otro lado, se trasladaron más allá de las fronteras: no sólo los ecos de nuestra rebelión (incluidos los de las asambleas) han dado la vuelta al mundo inspirando a muchos movimientos: el propio concepto de horizontalidad fue "aprendido" por activistas de muchas latitudes a partir del pensamiento que emanó de nuestras asambleas y movimientos no-jerárquicos.[4] ¿Cómo cuantificar los efectos posibles de este "pequeño" cambio? ¿Cuántos retoños de las asambleas podrán todavía florecer en lugares y de formas impensados?

Limitaciones y tensiones de la construcción asamblearia

Claro que esta explicación acerca de los criterios de efectividad de los movimientos sociales bien podría servir para negarnos a ver los problemas y limitaciones del movimiento asambleario. No se trata aquí de instalar una celebración *a priori* de cualquier situación de lucha, sino de habilitar una reflexión sobre los alcances y limitaciones de las luchas *en su forma actual*. Con todo su potencial, las asambleas han encontrado importantes limitaciones en su construcción y, sin dudarlo, mucho del declive de los últimos meses obedece a ellas. Lo que sigue es un intento por identificar y analizar las más importantes.

1- VINCULOS INTERNOS (o las dificultades de la horizontalidad)

Muchas de las limitaciones del movimiento asambleario tienen que ver con la dificultad para establecer relaciones de confianza entre sus

---

[4] Véase, por ejemplo, el libro de la activista norteamericana Marina Sitrin (en prensa). Los ecos de nuestra rebelión en otras partes del mundo pueden verse en muchos indicios, desde cacerolazos en Madrid, Montreal y París, hasta los métodos asamblearios de la Consulta Social Europea (inspirados explícitamente en las asambleas argentinas). Algunos de estos indicios están recopilados en el video documental *19/20 Ecos de una Rebelión* (producido en 2002 por Martín Bergel, Maité Llanos, María Eva Blotta, Federico Sáinz, Juan Laguna, Ezequiel Adamovsky, Mariana Percovich y Barra Producciones).

miembros. A su vez, esta dificultad está relacionada con la forma particular en que nacieron las asambleas: como espacios 1) no fundados en vínculos de afinidad previos o al menos presuntos y 2) radicalmente abiertos e igualitaristas.

Las asambleas surgieron en desafío a uno de los preceptos fundamentales que orienta la construcción de muchos de los nuevos movimientos anticapitalistas: "Habrás de unirte con tus semejantes en grupos 'de afinidad'; con los no (tan) afines te articularás en red, estableciendo consensos puntuales en la medida de las posibilidades". Al haber surgido como agrupamiento espontáneo, *instintivo*, ante el colapso del mundo circundante, las asambleas siguieron el camino inverso: desde un principio agruparon una heterogeneidad tal, que construir afinidades resultaba a veces imposible. Los vecinos reunidos en primeras asambleas eran jóvenes y viejos; empobrecidos y de buena posición económica; con educación superior y de instrucción básica; con experiencia política y sin ella; militantes de partidos y antipartidarios; "machos" y de temperamento más blando. Además, todos traíamos, en mayor o menor medida, la cultura autoritaria, individualista, "guerrera" e intolerante en que nos educa el sistema.

En este contexto, la negociación de diferencias y la producción de multiplicidad se vieron enormemente dificultadas. Con demasiada frecuencia, la dialéctica del reconocimiento del Otro −proceso lento y trabajoso− se reemplazó por el procedimiento más rápido y sencillo de conseguir la unificación mediante el "aniquilamiento" del diferente.

En el proceso de construcción de mi asamblea, por ejemplo, altos niveles de agresión verbal y mecanismos indirectos de exclusión estuvieron siempre muy presentes, con el resultado de que decenas de personas fueron indirectamente "expulsadas" en varias oleadas. Primero, muchos vecinos sin experiencia política, que se acercaron tímidamente los primeros días, pronto se alejaron, probablemente ante la falta de posibilidades de hablar sin someterse a la "aprobación" o "desaprobación" del conjunto, y ante la comprobación de que no manejaban los "saberes" mínimos de los oradores más intrépidos. Por otro lado, los altos niveles de agresión verbal fueron alejando a todos aquellos sin la fortaleza de temperamento necesaria como para soportarlos. En una segunda oleada, más o menos luego de cinco meses de trabajo juntos, se desarrolló una encarnizada batalla de agresiones verbales entre los asambleístas de izquierda radicalizada y aquellos de opiniones más "moderadas". El resultado fue el alejamiento de todo un grupo de vecinos pertenecientes a la Central de Trabajadores Argentinos, más otros que simpatizaban con ellos. En una tercera oleada –aproximadamente al año y medio de existencia de la asamblea, cuando ya todos los que quedábamos éramos claramente anti-capitalistas– la batalla de agresiones se dio entre algunos de los militantes más "machos" y guerreros, y un grupo de jóvenes de disposición más artística y festiva. El resultado: éstos terminaron abandonando la asamblea en bloque.[5] Y hoy mismo, más de dos años luego de la fundación de la asamblea, continúa la batalla entre los "antipartido" y los afines a los partidos de izquierda.

Esta dinámica del "aniquilamiento" del otro dificultó el establecimiento de relaciones de respeto y confianza, indispensables si se quiere instalar una verdadera dinámica horizontal. La asamblea rechazó sistemáticamente las propuestas de decidir por consenso, como un modo de forzarnos a adoptar la *dialéctica del reconocimiento* en lugar de la *dinámica del aniquilamiento*. Los argumentos para tal rechazo provenían de aquellos más apegados a la cultura de izquierda tradicional: "el consenso demora mucho", "nunca nos vamos a poner de acuerdo", etc. Como es habitual, estos argumentos se transformaron en profecías autocumplidas: quienes se sentían propietarios de la verdad única, jamás se disponían sinceramente a negociar diferencias.

Asimismo, la pesada herencia de la cultura política tradicional también hizo extremadamente difícil encontrar mecanismos para mejorar las relaciones interpersonales. En efecto, en ojos de la cultura de izquierda heredada, lo personal y los vínculos afectivos se perciben como un ámbito "no político" o "femenino" –es decir, opuesto al comportamiento "aguerrido" que se espera del militante. Casi todas las propuestas de discutir una "política de la afectividad" –tomo esta frase de Martín K, ex asambleísta de Colegiales– chocaban contra la sospecha y la mirada cínica de los asambleístas "machos" (independientemente de su género). En este contexto, fue imposible desarrollar procedimientos para lidiar con los inevitables problemas personales, que terminaban obstruyendo una y otra vez el desarrollo de las reuniones.

El establecimiento de relaciones horizontales y de confianza mutua se vio resentido por otro factor: el carácter "radicalmente abierto" e igualitarista de las asambleas. En su carácter espontáneo y autoconvocado, las asambleas dieron siempre la bienvenida a quienquiera que se acercara.

---

[5] Resulta interesante que muchos de estos jóvenes terminaron reagrupándose en otros espacios políticos, esta vez construidos desde la afinidad. Sobre tensiones en las asambleas ver tb. Ana María Fernández et al.: "Las asambleas y sus tensiones: espacios colectivos de acción directa", Revista *El Campo Grupal*, n° 44, Buenos Aires, abril de 2003.

No existe ningún procedimiento de selección, admisión ni formación de los nuevos miembros. Cualquiera tiene derecho a voz y voto desde el primer momento, y desde que se acerca a la asamblea es un "igual". Esto no es un mero enunciado formal: literalmente, no es infrecuente que aparezca una persona totalmente desconocida en una reunión de asamblea, hable, vote, y jamás se la vuelva a ver. En la experiencia de mi asamblea, por ejemplo, esto significó tener que lidiar de igual a igual con personas con serios trastornos mentales, o con militantes de partidos que venían "encubiertos", deliberadamente, a inclinar una votación puntual en favor de tal o cual propuesta.

Los problemas que devienen de esta "apertura radical" e igualitarismo en las formas son difíciles de visualizar y de debatir, debido a una concepción romantizada de la horizontalidad y a una idea abstracta de la igualdad. Ambas provienen, a su vez, de un falso colectivismo que impide percibir/aceptar las diferencias individuales.

La premisa de las asambleas, "todos somos iguales, ergo, todos tenemos los mismos derechos", no deja de ser cierta. Pero, en rigor, ni la igualdad ni la horizontalidad existen por decreto de la mera voluntad. Una comunidad política (por ejemplo, una asamblea) adquiere un carácter horizontal no por una simple decisión *formal* de que todos los que están allí serán iguales, sino por un esfuerzo consciente y constante de *garantizar las condiciones para la igualdad real*. Una persona sin experiencia que recién ingresa a la asamblea dos años después de que ésta comenzara a funcionar, no es en modo alguno "igual" a uno de los miembros fundadores. Éstos cuentan con todo un bagaje de conocimientos y experiencias que hacen que, en la práctica, tengan más posibilidades de aprovechar su "igualdad" que el recién llegado. Si nadie se toma el trabajo de transmitir a éste la información mínima, de poco vale su derecho *formal* a la igualdad. Por otro lado, una persona muy sensible a las agresiones personales no es igual a quien la agrede: a falta de prevenciones colectivas, éste terminará prevaleciendo.

Del mismo modo, tiene poco sentido otorgar igual derecho de voz y voto a cualquiera, aun si tiene escasa o ninguna vinculación con las posibles consecuencias de su decisión, ni con el trabajo necesario para que esa decisión se materialice en efectos concretos. Esta forma de igualdad *abstracta*, en los hechos, violenta el derecho a la igualdad *real* de los demás. Por ejemplo, en mi asamblea hubo gente que estaba "de paso" y que, sin embargo, se permitió votar sobre los dispositivos de seguridad a tomar durante una acción directa en la que no iban a participar ni colaborarían en organizar. Por otro lado, en una ocasión todos votamos "igualitariamente" si nueve de nuestros compañeros que estaban procesados por la justicia debían aceptar presentarse ante el juez. En ambos casos, todos fuimos "iguales" a la hora de discutir y votar medidas cuyos prerequisitos y efectos, sin embargo, recaerían "desigualmente" sobre cada uno.

La verdadera horizontalidad no consiste en esconder bajo la alfombra las desigualdades existentes, sino en superarlas o reconocerlas. En el caso de aquellas desigualdades que sea conveniente y posible eliminar –por ejemplo, la del recién llegado que no tiene idea de los temas que se discuten, o la del "sensible"–, horizontalidad significa trabajar para superarlas, por ejemplo ofreciendo instancias de formación política para los nuevos miembros o formas de controlar la agresividad. Para aquellas desigualdades que sea imposible o indeseable eliminar –por ejemplo, el hecho de que sólo algunas personas sufrirán los efectos de no comparecer ante un juez, o el hecho de que alguien sólo está "de paso"– lo único que queda es reconocerlas y poner los derechos políticos en sintonía con ellas. En otras palabras, la verdadera igualdad política en una organización horizontal consiste en un principio muy simple: que cada cual tenga el derecho a decidir exactamente *en la medida en que esas decisiones lo afectan.*

Así como las asambleas en general tuvieron serias dificultades para desarrollar mecanismos no traumáticos de superar las diferencias internas, tampoco avanzaron en la creación de dispositivos de reconocimiento/superación de las desigualdades reales. Por otro lado, el carácter "radicalmente abierto" de las asambleas las hizo demasiado vulnerables a los ataques externos y, por ello, complicó aún más la tarea de lograr confianza mutua. Por estos motivos, la construcción de la horizontalidad dentro del movimiento asambleario encontró límites muy precisos.

Dadas las condiciones de nuestro nacimiento, pensando retrospectivamente, cabe concluir que las asambleas teníamos pocas posibilidades reales de sortear con éxito estos problemas de "apertura radical" y de construcción desde la "falta de afinidad". Surgimos con esas características –no lo elegimos así, sólo nos sucedió– y quizás perezcamos con ellas. No se culpe a nadie: lo importante es aprender de la experiencia para poder avanzar por otros caminos.

2- VINCULOS EXTERNOS *(o la levedad de las redes)*

Algunos de los límites en los vínculos internos se reproducían, a otra escala, en los vínculos entre asambleas y con otros movimientos. El primer intento de articulación interasamblearia fue la "Interbarrial de Parque Centenario", que llegó a reunir a más de un centenar de asambleas porteñas y del conurbano, y las dos "Interbarriales nacionales". Concebidas desde la lógica del "frente de masas" de la izquierda tradicional, sucumbieron ya en 2002 bajo esa misma lógica. La idea subyacente en la creación de la Interbarrial era que, una vez que las asambleas tuvieran un espacio *centralizado* capaz de *representar* a todo el movimiento asambleario, tendrían *una voz* unificada, y *un centro* autorizado a hablar en nombre de todas. Desde ese centro, las asambleas definirían un "programa" político, y podrían entonces coordinarse con los demás sectores (piqueteros, partidos, sindicatos, etc.), que también deberían tener *una* voz y *un* programa. La política que está detrás de esta concepción imagina que, entonces, todo el movimiento social elegiría el mejor "programa", junto con el mejor "instrumento" para llevarlo a cabo: el partido X. Como era de esperar, los partidos de izquierda –particularmente Izquierda Unida y el Partido Obrero– lucharon encarnizadamente para controlar la Interbarrial, a través de una serie de vergonzosas manipulaciones que no excluyeron las agresiones físicas. Como consecuencia, en pocos meses las asambleas se fueron retirando de la Interbarrial, hasta que sólo quedaron cuatro o cinco.[6] Podría pensarse, sin desmedro de lo anterior, que las asambleas rechazaron el concepto de la Interbarrial más allá del accionar de los partidos. Desconfiadas de la política representativa y de la centralización de las decisiones, las asambleas se negaron a *delegar* su poder y a *uniformizar* sus voces e ideas en un "programa" único.

Rechazado el modelo de la Interbarrial, sin embargo, las asambleas no construyeron otra forma de coordinación interasamblearia de carácter general. A falta de ello, desarrollaron *instintivamente* formas de coordinación en red, sin proponérselo conscientemente. Aunque en general permanecieron invisibles, en algunas oportunidades las redes de vínculos laxos entre asambleas y asambleístas demostraron su materialidad y efectividad. Por ejemplo, cuando en pocos minutos, a través de contactos telefónicos informales, sin ninguna organización centralizada, miles de asambleístas se movilizaron para detener el desalojo de la fábrica ocupada Brukman.

Más allá de estas redes laxas e informales, existieron algunos experimentos encaminados a crear formas de coordinación no centralizadas o

---

[6] Una descripción detallada de este proceso puede encontrarse en mis trabajos "Imágenes de la nueva y de la vieja izquierda" y en "Reflexiones acerca de las Asambleas en Argentina". Véase también Nicolás Furlanis: "Filosofía Barata sobre el Movimiento Asambleario" (3/10/03), en www.argentina.indymedia.org

uniformizadoras. Por ejemplo, hubo encuentros "interzonales" que agrupaban a las asambleas de una misma área, y una serie de experiencias de menor escala (como los "Encuentros de Asambleas Autónomas", donde un par de decenas de asambleas debaten sin tomar decisiones) o temáticas (como las reuniones de "Intersalud"). Las asambleas también participan de *campañas* puntuales coordinadas con otros movimientos, por ejemplo contra el ALCA, por una Ley de Comunas para una democracia más participativa, contra los aumentos tarifarios, etc. Una experiencia de *coalición* interesante fue la del "Piquete Urbano" (PU), una acción directa de bloqueo del Banco Central y la Bolsa de Valores de Buenos Aires realizada el 19 de diciembre de 2002. La idea surgió inicialmente en nuestra asamblea, desde donde lanzamos un llamado a la acción a la red de contactos que habíamos estado construyendo durante todo el año. Superando nuestras expectativas, decenas de grupos respondieron, y durante dos meses organizamos la acción en forma completamente horizontal. En la organización participaron más de cuarenta grupos, no sólo asambleas sino también organizaciones piqueteras, sindicatos combativos, partidos políticos, colectivos de arte, grupos gay/lésbicos, organizaciones de ahorristas, colectivos de resistencia global, estudiantes, grupos ambientalistas y asociaciones de derechos humanos. Luego de la acción, la coalición del PU se autodisolvió.[7]

Sin embargo, más allá de estas experiencias puntuales que demuestran su indudable potencialidad, las redes no dieron lugar a formas de coordinación más amplias, sólidas o efectivas. Esta incapacidad de cooperar en mayor escala seguramente contribuyó al decaimiento del movimiento asambleario, que vio sus expectativas de crecimiento frustradas. Es interesante notar, a modo de hipótesis, que el fracaso de la Interbarrial y la inexistencia de formas de coordinación alternativas marcaron el fin de la dinámica expansiva del movimiento. Mientras existió la expectativa de que las asambleas podrían articular sus acciones a gran escala, se verificó el proceso de "crecimiento por multiplicación". Con todas sus limitaciones, la mera existencia de la Interbarrial probablemente invitaba a autoorganizarse para participar de un espacio que se percibía como abierto; en ese momento, las asambleas se reprodujeron como hongos en cada rincón de la ciudad. Tal como en el mundo biológico, esta forma de reproducción (multiplicación) del movimiento no generaba un crecimiento *a costa de las demás* –como en el caso de los partidos, que crecen por "acumulación", compitiendo uno con otro– sino que cada nueva

---

[7] Para más detalles del PU, véase mi texto "Hipótesis sobre el Piquete Urbano".

asamblea invitaba indirectamente a crear otras.[8] La falta de un horizonte más amplio de cooperación seguramente influyó en el detenimiento de la dinámica de la multiplicación.

La dificultad para organizar formas de cooperación en gran escala tiene que ver, otra vez, con la imposibilidad de establecer relaciones de confianza y reglas claras de funcionamiento que garanticen la igualdad de los "nodos" (horizontalidad) y el respeto de sus diferencias (multiplicidad), y que protejan a la red de los atacantes exteriores (autonomía). Una lección importante de este proceso es que la solidez de los vínculos externos y la fuerza de la dinámica de la multiplicación son directamente proporcionales a la intensidad de los ataques centralistas y jerarquizantes. En el caso en cuestión, los partidos de izquierda se lanzaron con violencia e intensidad a controlar las redes del movimiento asambleario mientras éstas crecían y se coordinaban a mayor escala. Cuando este proceso se detuvo, los partidos perdieron interés: las asambleas ya no les ofrecían la promesa de "acumular" poder.

La conclusión de esta sección es similar a la de la anterior: las limitaciones principales en la construcción de formas de coordinación reticulares provino de la incapacidad para crear *procedimientos e instituciones de nuevo tipo*, que generen el terreno propicio para la expansión de las redes. El derrotero del movimiento asambleario demuestra que existe un choque inevitable entre las lógicas de crecimiento por multiplicación –horizontales– y por acumulación –jerarquizantes– y que, en ausencia de mecanismos institucionales de protección, éstas terminan prevaleciendo por sobre aquéllas (por lo menos en el plano de la coordinación a gran escala). El predominio de las formas jerárquicas no se traduce, sin embargo, en una coordinación efectiva: su lógica ha demostrado, una y otra vez, conducir a la frustración política. Pero su fuerza es suficiente para bloquear o entorpecer el desarrollo de las formas reticulares. Por ello es necesario, para decirlo con una metáfora, avanzar *de las redes biológicas a las redes políticas*. Toda la historia de la humanidad es testigo de fuertes impulsos sociales espontáneos ("biológicos") hacia la asociación reticular y horizontal. Pero también atestigua que los impulsos hacia la centralización y jerarquización existen, y que tenderán a predominar a menos que haya esfuerzos *políticos* por limitarlos y mantenerlos bajo control. Por esfuerzos "políticos" me refiero a aquellos que estén materia-

---

[8] Tomo estas ideas de los amigos de Grado Cero. Ver *Pensamiento Asambleario*, n° 3 de *Grado Cero*, Rosario, julio de 2002.

lizados en procedimientos e instituciones *formales* (es decir, fruto de un acuerdo político).[9]

3- ESTRATEGIA *(o los dilemas de la autonomía)*

La dificultad para fortalecer los lazos internos, y establecer formas de cooperación que vayan más allá de pequeños núcleos, ha funcionado como un bloqueo fundamental para el desarrollo de una estrategia política fundada en la autonomía. En el ciclo de crecimiento y retracción del movimiento asambleario he visto casos de compañeros que, habiendo apostado a la construcción de una política autónoma, terminaron aceptando las reglas de juego de la política pensada desde el poder. Ante la falta de capacidad para organizar una política autónoma que trascienda el espacio meramente local del barrio, con frecuencia terminamos entregándonos a las estrategias de coordinación/unificación de los partidos. Es que, aunque hayan demostrado una y otra vez su infertilidad, éstas al menos ofrecen una aparente fortaleza y materialidad. Nuestra asamblea, por ejemplo, viene de decidir, luego de un importante debate, participar como convocante de la Asamblea Nacional de Trabajadores (ANT), un espacio básicamente controlado por grupos leninistas. Aunque pocos compañeros votaron con entusiasmo, la decisión fue orientada por el dato irrefutable de que "hoy la ANT es lo único que hay". De modo similar, varias de las *campañas* en las que participamos están motorizadas principalmente por partidos: otra vez aquí, para trascender el espacio local debemos confiarnos a instituciones jerárquicas cuyas características, sin embargo, repudiamos dentro de nuestra propia construcción. Paralelamente, ante la frecuente inefectividad de la política sin representantes, muchos regresan a la representación (incluso bajo formas extremadamente delegativas).

El mismo problema se reproduce al exterior del campo de las organizaciones en lucha. La falta de mecanismos que nos permitan articular nuestras fuerzas dispersas para transformarlas en alternativas reales y con-

---

[9] Arturo Escobar ha estudiado la dinámica de las redes a la luz de las teorías del ciberespacio y la complejidad. Si bien desde ambas se atestigua la emergencia de verdaderas "comunidades inteligentes" sin centro ni jerarquía, también aparece claramente la posibilidad constante de que éstas sean subyugadas por estructuras de poder emanadas *desde la propia red*, y que sólo una intervención preventiva/correctora a tiempo puede evitar. A pesar de que estamos percibiendo por primera vez estos fenómenos reticulares, nos encontramos en la prehistoria de lo que Escobar llama el "pensamiento de enjambre", Ver A. Escobar: "Other Worlds Are (Already) Possible: Cyber-Internationalism and Post-Capitalist Cultures", en *World Social Forum*, op. cit. Disponible en www.zmag.org/lac.htm

cretas de cambio, nos viene alejando cada vez más de la sociedad no movilizada. La sociedad argentina, que gritó "¡Que se vayan todos!" y depositó esperanzas de renovación en el movimiento asambleario, terminó alejándose ante la evidencia de que, en realidad, tenemos poco *real* para ofrecerles. En este contexto, hoy la población decidió volver a poner sus esperanzas en el sistema político tradicional, entregándose con entusiasmo a las estrategias estatales de recaptura que hoy encarna el gobierno de Néstor Kirchner. Durante algunos meses, tras la profunda crisis de 2001, la sociedad en su conjunto alejó su mirada del Estado, apagó la TV, y abrió sus oídos para escucharnos. Lamentablemente, en ese momento no tuvimos alternativas reales para ofrecerles; y no decimos alternativas de cambio radical: ni siquiera pudimos desarrollar formas de participación política significativa para aquellos que no estaban listos para convertirse en activistas profesionales. No es de sorprender, entonces, la doble recaptura actual: la de la gente común por parte del Estado, y la de muchos activistas y movimientos que simpatizaban con estrategias autónomas por parte de la política tradicional de la izquierda leninista o nacionalista.

Además de los factores ya comentados, existe un último elemento que dificulta la tarea de diseñar y explorar formas de política autónoma efectivas. Se trata de una concepción ingenua y romantizada de autonomía y horizontalidad que circula entre muchos "autonomistas". Para algunos, la política autónoma trata de construir "espacios autónomos" de encuentro político y de producción económica, por fuera y al margen del mercado y la política organizada desde el Estado. Más que resolver los dilemas con que nos enfrenta uno y otro, para los autonomistas ingenuos se trata simplemente de ignorarlos, y de construir una "sociedad paralela" a fuerza de pura voluntad y entusiasmo. Contra el individualismo del presente imaginan una maniobra evasiva que consiste en negar al individuo y reemplazarlo por una comunidad imaginada donde lo individual se "disuelva" en lo colectivo. Contra la opresión de las instituciones políticas (el Estado y los partidos) y económicas (el mercado), imaginan que alcanza con sólo eliminar toda regla e institución y despejar así el terreno para un libre flujo de las energías comunitarias; por definición, éstas solas, espontáneamente, crearán las condiciones para la felicidad colectiva.

Esta concepción pierde de vista, sin embargo, que *la lucha por la autonomía se extiende a todo lo largo de la sociedad*, incluido el Estado. Si sólo ignoramos la política estatal, jamás podremos combatir las estrategias de recaptura que el Estado diseña cada vez que generamos un éxodo, una autonomización importante de la vida social respecto del poder. Si no desarrollamos *formas diferentes de gestión global y efectiva de lo social*, la gente terminará siempre en las garras de lo conocido: el Estado y la política pensada desde el poder, y relaciones económicas donde prime el interés individual. Es fundamental inventar una *interfase* que nos permita accionar sobre el plano del Estado/mercado sin que éste termine cooptándonos o fagocitándonos. La estrategia Lula —construir un partido y poner a "uno de los nuestros" en el poder—, está visto, sólo sirve para desactivar los movimientos sociales. Precisamos instituciones políticas, e incluso representativas, de características hasta ahora impensadas. Asimismo, si no inventamos *instituciones de nuevo tipo* —tanto para nuestros movimientos como para la gestión de lo social— nos exponemos a lo que la feminista norteamericana Jo Freeman llamó hace ya años, no sin clarividencia, "la tiranía de la falta de estructuras". Incluso eliminando totalmente las clases sociales, el patriarcado, y toda forma de opresión, las sociedades modernas no se organizarían espontáneamente, dejando todo en manos del "libre flujo de la energía comunitaria". Necesitamos desarrollar instituciones, reglas, y formas de funcionamiento *de nuevo tipo*, que puedan visualizarse, discutirse, controlarse, limitarse. De lo contrario, sólo estaríamos abriendo las puertas a los liderazgos informales y los poderes inconfesos, o simplemente al reinado del estancamiento y la inefectividad políticas. Lo mismo vale para el vínculo entre el individuo y la comunidad. No es factible ni deseable eliminar o "disolver" al individuo: la tarea fundamental de la política autónoma es renegociar los espacios de uno y otra de modo tal de garantizar que la solidaridad sea el valor superior de la vida social. Sin resolver estas cuestiones no conseguiremos trabajar con porciones importantes de la población; y, sin ellas, no existe política autónoma. El refugio en soluciones románticas nos arroja indefectiblemente al campo de la irrealidad.

Palabras finales

Aunque me dediqué a hacer un balance del movimiento de asambleas en Argentina, estoy seguro de que mis conclusiones son aplicables, *mutatis mutandis*, a otros movimientos horizontales y autónomos del país y quizás también del exterior. Retrospectivamente, pueden encontrarse movimientos parecidos a las asambleas, que corrieron una suerte similar. Como las asambleas, los primeros piqueteros y los clubes del trueque, por mencionar sólo dos ejemplos, también regresaron al grado cero de la vida social ante la debacle del mundo estatal-mercantil. Como las asambleas, ellos también se desarrollaron en formas y experiencias novedosas y reveladoras. Y también como las asambleas fueron víctimas de las fuerzas disolventes y disciplinadoras del Estado y del mercado, y de su propia incapacidad de desarrollar alternativas efectivas de nuevo tipo.

El movimiento de asambleas, que alguna vez aterrorizó a la prensa conservadora (que temía la llegada de los "soviets") y al presidente Duhalde ("no se puede gobernar con asambleas"), hoy agoniza. Quizás renazca, quizás mute en otra cosa, quizás desaparezca completamente. Tal vez el movimiento asambleario haya servido sólo para dejar planteados los problemas y las preguntas que otros, en el futuro, quizás lograrán responder. Si así hubiera sido, ha desempeñado un rol fundamental.

Buenos Aires, 26 de marzo de 2004

Problemas de la política autónoma: pensando el pasaje de lo social a lo político[*]

El texto siguiente es, de algún modo, una síntesis de varias de las cuestiones discutidas en los ensayos anteriores. A lo largo de estas últimas páginas me ocupo de la situación general del movimiento anticapitalista actual, de los problemas de la cultura de izquierda heredada, de los condicionantes sociopsicológicos generales a tener en cuenta a la hora de hacer política hoy, de las limitaciones de las formas organizativas que conocemos, etc. A diferencia de los ensayos previos, sin embargo, este es el único en el que me animé a avanzar en dirección a lo que los norteamericanos llaman "visión y estrategia", es decir, aquella región del pensamiento emancipatorio que pretende anticipar cursos posibles de acción para una política radical, y formas de vida y de organización post-capitalistas. Análisis y propuesta al mismo tiempo, era justo terminar el libro con este trabajo.

---

[*] Ezequiel Adamovsky: "Problemas de la política autónoma: pensando el pasaje de lo social a lo político", publicado originalmente en *Indymedia Argentina* en marzo de 2006. http://argentina.indymedia.org/news/2006/03/382729.php. Se publica con pequeñas modificaciones estilísticas.

Primera parte: Dos hipótesis sobre una nueva estrategia para la política autónoma

Me propongo presentar aquí algunas hipótesis generales relativas a los problemas de estrategia de los movimientos emancipatorios anticapitalistas. Me interesa pensar las condiciones para dotarnos de una política emancipatoria efectiva, con capacidad para cambiar radicalmente la sociedad en que vivimos. Aunque no tendré espacio para analizar aquí casos concretos, estas reflexiones no son fruto de un ejercicio meramente "teórico", sino que parten de un intento por interpretar las tendencias propias de una serie de movimientos en los que he tenido ocasión de participar –el de asambleas populares en Argentina y algunos procesos del Foro Social Mundial y otras redes globales– o que he seguido de cerca en los últimos años –como el movimiento piquetero en Argentina o el zapatista en México.

Daré por sentados, sin discutirlos, tres principios que considero suficientemente demostrados, y que distinguen la política anticapitalista de la de la izquierda tradicional. Primero, que cualquier política emancipatoria debe partir de la idea de un sujeto múltiple que se articula y define en la acción común, antes que suponer un sujeto singular, pre-determinado, que liderará a los demás en el camino del cambio. Segundo, que la política emancipatoria necesita adquirir formas prefigurativas o anticipatorias, es decir, formas cuyo funcionamiento busque no producir efectos sociales contrarios a los que dice defender (por ejemplo, la concentración de poder en una minoría). Tercero, que de los dos principios anteriores se deriva la necesidad de cualquier proyecto emancipatorio de orientarse hacia el horizonte de una política autónoma. Es una 'política *autónoma*' aquella que apunta a la autonomía del todo cooperante, es decir, a la capacidad de vivir de acuerdo a reglas definidas colectivamente por y para el mismo cuerpo social que se verá afectado por ellas. Pero es una '*política* autónoma' porque supone que la multiplicidad de lo social requiere instancias políticas de negociación y gestión de diferencias, es decir, instancias que no surgen necesaria ni espontáneamente de cada grupo o individuo, sino que son fruto de acuerdos variables que cristalizan en prácticas e instituciones específicas.

Cuadro de situación: la debilidad de la política autónoma

Desde el punto de vista de la estrategia, los movimientos emancipatorios en la actualidad se encuentran, esquemáticamente, en dos situaciones. La primera es aquella en la que consiguen movilizar una energía social más o menos importante en favor de un proyecto de cambio social radical, pero lo hacen a costa de caer en las trampas de la política heterónoma. Por 'política heterónoma' refiero a los mecanismos políticos a través de los cuales se canaliza aquella energía social de modo tal de favorecer los intereses de los poderosos, o al menos de minimizar el impacto de la movilización popular. Hay muchas variantes de este escenario:

-Por ejemplo el caso de Brasil, en el que un vasto movimiento social eligió construir un partido político, adoptó una estrategia electoral más o menos tradicional, logró hacer elegir a uno de los suyos como presidente, sólo para ver toda esa energía reconducida hacia una política que rápidamente olvidó sus aristas radicales y se acomodó como un factor de poder más dentro del juego de los poderosos.

-Otro ejemplo es el de algunos grupos y campañas con contenidos emancipatorios que, como algunas secciones del movimiento ambientalista, sindical, feminista, gay, de derechos humanos, por la justicia global, etc., se convierten en un reclamo singular, se organizan institucionalmente, y maximizan su capacidad de hacer *lobby* desligándose del movimiento emancipatorio más amplio y aceptando —si no en teoría, al menos en sus prácticas— los límites que marca la política heterónoma.

La segunda situación es la de aquellos colectivos y movimientos que adoptan un camino de rechazo estratégico de cualquier vínculo con la política heterónoma, pero encuentran grandes dificultades para movilizar voluntades sociales amplias o generar cambios concretos:

-Por ejemplo, los movimientos sociales autónomos que sostienen importantes luchas (incluso muy radicalizadas y hasta insurreccionales), pero que al no desarrollar modos de vincularse con la sociedad como un todo y/o resolver la cuestión del Estado, terminan pereciendo víctimas de la represión o de su propio debilitamiento paulatino, o sobreviven como un pequeño grupo encapsulado y de poca capacidad subversiva.

-Otro ejemplo es el de algunas secciones del movimiento de resistencia global, con gran capacidad de hacer despliegues importantes de acción directa, pero que, al igual que el caso anterior, encuentran límites a su expansión en su poca capacidad de vincularse con la sociedad como un todo.

-Finalmente, existen colectivos radicales que pueden reivindicar diferentes ideologías (marxismo, anarquismo, autonomismo, etc.), pero que se encapsulan en una política puramente 'narcisista'; es decir, están más preocupados por mantener su propia imagen de radicalidad y 'pureza' que por generar un cambio social efectivo; funcionan muchas veces como pequeños grupos de pertenencia de escasa relevancia política.

Estas dos situaciones constituyen una distinción analítica que no debe hacernos perder de vista la cantidad de grises que hay entre ellas, los interesantísimos experimentos de nuevas formas políticas que hay por todos lados, y los logros importantes que muchos grupos pueden exhibir. A pesar de las observaciones críticas que he hecho, todas estas opciones estratégicas nos pertenecen: son parte del repertorio de lucha del movimiento social como un todo, y expresan deseos y búsquedas emancipatorios que no podemos sino reconocer como propios.

Y sin embargo, es indudable que necesitamos nuevos caminos de desarrollo para que la política autónoma pueda salir del *impasse* estratégico en el que nos encontramos. Por todas partes existen colectivos que, en su pensamiento y en sus prácticas, intentan salir de este *impasse*. El viraje estratégico iniciado por los zapatistas recientemente con su Sexta Declaración es quizás el mejor ejemplo, pero de ningún modo el único. Lo que sigue es un intento por contribuir a esas búsquedas.

Hipótesis uno:
Sobre las dificultades de la izquierda a la hora de pensar el poder (o qué 'verdad' hay en el apoyo popular a la derecha)

Partamos de una pregunta incómoda: ¿por qué, si la izquierda representa la mejor opción para la humanidad, no sólo no consigue movilizar apoyos sustanciales de la población, sino que ésta incluso suele simpatizar con opciones políticas del sistema, en ocasiones claramente de derecha? Evitemos respuestas simplistas y paternalistas del tipo "la gente no entiende", "los medios de comunicación…", etc., que nos llevan a un lugar de superioridad que no merecemos, ni nos es políticamente útil. Por supuesto, el sistema tiene un formidable poder de control de la cultura para contrarrestar cualquier política radical. Pero la respuesta a nuestra pregunta no puede buscarse sólo allí.

Más allá de cuestiones coyunturales, el atractivo perenne de la derecha es que se presenta como (y al menos en algún sentido realmente es) una fuerza de *orden*. ¿Pero por qué el orden habría de tener tal atractivo para quienes no pertenecen a la clase dominante? Vivimos en una sociedad que reproduce y amplía cada vez más una paradójica *tensión constitutiva*. Cada vez estamos más 'descolectivizados', es decir, más atomizados, crecientemente aislados, convertidos en individuos sin vínculos fuertes con el prójimo. Al mismo tiempo, nunca en la historia de la humanidad existió una interdependencia tan grande en la producción de lo social. La división social del trabajo ha alcanzado una profundidad tal, que a cada minuto, aunque no lo percibamos, nuestra vida social depende de la labor de millones de personas de todas partes del mundo. En la sociedad capitalista, las instituciones que permiten un grado de cooperación social de tan grande escala son, paradójicamente, aquellas que nos separan del prójimo y nos convierten en individuos aislados y sin ninguna responsabilidad frente a los otros: el mercado y el (su) Estado. Ni al consumir, ni al votar un candidato tenemos que rendir cuentas frente a los demás: son actos de individuos aislados.

Tal interdependencia hace que la totalidad de lo social requiera, como nunca antes, que todos hagamos nuestra parte del trabajo en la sociedad. Si un número incluso pequeño de personas decidiera de alguna manera entorpecer el 'normal' desarrollo de la vida social, podría sin grandes dificultades causar un caos de amplias proporciones. Para poner un ejemplo, si un campesino decide que hoy no trabajará su tierra, no pone en riesgo la labor o la vida de su vecino; pero si el operador de la sala de coordinación del sistema de subterráneos o de una central eléctrica decide que hoy no irá a su trabajo, o si el corredor de la bolsa de valores echa a correr un rumor infundado, su decisión afectaría las vidas y las labores de cientos de miles de personas. La paradoja es que justamente el creciente individualismo y la desaparición de toda noción de responsabilidad frente al prójimo incrementa como nunca las posibilidades de que, de hecho, haya quien haga cosas que afecten seriamente las vidas de los demás sin pensarlo dos veces. Nuestra interdependencia real en muchas áreas vitales contrasta, paradójicamente, con nuestra subjetividad de individuos socialmente irresponsables.

Como individuos que vivimos sumidos en esta tensión, todos experimentamos en mayor o menos medida, consciente o inconscientemente, la *angustia por la continuidad del orden social* y de nuestras propias vidas, en vista de la vulnerabilidad de ambos. Sabemos que dependemos de que otros individuos, a quienes no conocemos ni tenemos cómo dirigirnos, se comporten de la manera esperada. Es la angustia que el cine pone en escena una y otra vez, en cientos de películas casi calcadas en las que un individuo o grupo pequeño –por maldad, afición al crimen, locura, etc.– amenaza seriamente la vida de otras personas hasta que alguna intervención enérgica –un padre decidido, un superhéroe, las fuerzas de seguridad, un vengador anónimo, etc.– vuelve a poner las cosas en su lugar. El espectador sale del cine con su angustia aplacada, aunque la tranquilidad le dure sólo un momento.

Como en el caso del cine, el atractivo político de los llamados al orden que lanza la derecha deriva de esa angustia por la posibilidad del *desorden catastrófico*. Y desde el punto de vista de un individuo aislado, da lo mismo si quien entorpece la vida social o personal es simplemente otro individuo que lo hace por motivos antojadizos, o un grupo social que lo hace para defender algún derecho. No importa si se trata de un delincuente, un loco, un sindicato en huelga, o un colectivo que realiza una acción directa: cuando cunde el temor a la disolución del orden social, prosperan los llamados al orden. Y la derecha siempre está allí para ofrecer su 'mano dura' (aunque sean sus propias recetas las que han producido y siguen profundizando el riesgo de la anomia).

De nada vale protestar contra esta situación: es constitutiva de las sociedades en las que vivimos. No se trata meramente de una cuestión de actitud, que pueda remediarse con mayor 'educación' política. No hay 'error' en el apoyo a la derecha: si se percibe un riesgo que amenaza la vida social, la opción por el 'orden' es perfectamente racional y comprensible *en ausencia de otras factibles y mejores*. En otras palabras, en el atractivo del orden hay una 'verdad' social que es necesario tener bien en cuenta. Seguramente los medios de comunicación y la cultura dominante ponen importantes obstáculos a la prédica emancipatoria. Pero creo que gran parte de nuestras dificultades a la hora de movilizar apoyos sociales tiene que ver con que raramente tenemos aquella 'verdad' en cuenta, por lo que las propuestas que hacemos de cara a la sociedad suelen no ser *ni factibles, ni mejores*.

Sostendré como hipótesis que la tradición de izquierda, por motivos que no tendré ocasión de explicar aquí, ha heredado una gran dificultad a la hora de pensar el orden social y, por ello, para relacionarse políticamente con la sociedad toda. La dificultad señalada se relaciona con la imposibilidad de *pensar la inmanencia del poder respecto de lo social*. En general, la izquierda ha pensado el poder como un ente sólo y puramente parasitario, que coloniza *desde afuera* a una sociedad entendida como colectividad cooperante que existe previa e independientemente de ese ente *externo*. De allí la caracterización, en el marxismo clásico, del Estado y del aparato jurídico como la 'superestructura' de una sociedad que se define fundamentalmente en el plano económico. También de allí deriva la actitud de buena parte del anarquismo, que tiende a considerar las reglas que no emanen de la voluntad individual como algo puramente externo y opresivo, y al Estado como una realidad de la que fácilmente podría prescindirse sin costo para una sociedad que, se supone, ya funciona *completa* bajo el dominio estatal. Algo de esto hay también en algunas lecturas del autonomismo, que tienden a considerar la cooperación *actual* de la multitud como suficiente para una existencia autoorganizada, con sólo que el poder se quite de en medio. Es también lo que muchos de nosotros perdimos de vista al adoptar la distinción que hace John Holloway entre un *poder-sobre* (el poder entendido como capacidad de mando) y un *poder-hacer* (el poder entendido como capacidad de hacer) como si fueran dos 'bandos' enfrentados y claramente delimitados. Por el contrario, hoy sabemos que el hecho de que usemos *la misma palabra* para referir a ambos evidencia, precisamente, que, con frecuencia, ha sido el *poder-sobre* el que ha reorganizado los lazos sociales de modo de expandir el *poder-hacer* colectivo (en otras palabras, su papel no es meramente parasitario y exterior a la sociedad).

Lo que nos importa aquí es que, en los tres casos mencionados, se adopta, desde el punto de vista estratégico (y también en la 'cultura militante', en la forma de relacionarse con los demás, etc.) una actitud de pura hostilidad y rechazo del orden social, de las leyes y las instituciones; unos lo hacen en espera de un nuevo orden a instaurar luego de la Revolución, otros en la confianza en que lo social ya posee un 'orden' propio que hace de cualquier instancia política-legal-institucional algo innecesario.

Quizás en alguna época tuviera algún sentido estratégico pensar el cambio social de esta manera, como una obra fundamentalmente de *destrucción* de un orden social, de su legalidad y de sus instituciones, luego de la cual reinaría lo social directamente autoorganizado, o, en todo caso, se construiría un orden político diferente. En la Rusia de 1917, por ejemplo, podía pensarse en destruir los lazos organizados por el Estado y el mercado, y esperar que algo parecido a una sociedad permaneciera todavía en pié. De cualquier forma, entonces, 85% de la población todavía desarrollaba una economía de subsistencia en el campo, en gran medida en comunas campesinas, y se autoabastecía tanto en sus necesidades económicas, como en lo que refiere a las regulaciones 'políticas' que garantizaban la vida en común. En ese escenario, podía prescindirse con costos relativamente soportables tanto del Estado como de las instituciones de mercado. (Pero aún así, debe decirse, la desarticulación de ambos durante el llamado 'comunismo de guerra' causó la muerte por inanición de decenas de miles de personas y la aparición de prácticas de canibalismo, entre otras calamidades.)

Hoy, sin embargo, el escenario ha cambiado completamente. No existe ya, salvo marginalmente, ninguna sociedad 'debajo' del Estado y del mercado. Por supuesto que existen muchos vínculos sociales que suceden más allá de ambos. Pero los vínculos principales que producen la vida social hoy están *estructurados a través del mercado y del Estado*. Ambos han penetrado transformando de tal manera la vida social, que no hay ya 'sociedad' fuera de ellos. Si por arte de magia pudiéramos hacer que ambos dejaran de funcionar súbitamente, lo que quedaría no sería una humanidad liberada, sino el caos catastrófico: agrupamientos más o menos débiles de individuos descolectivizados aquí y allá, y el fin de la vida social. La 'multitud cooperante' teorizada por el autonomismo no debe entenderse, en este sentido, como una 'sociedad' que ya existe allí *por fuera* del estado-mercado, sino como una presencia *primera* de lo social que, en su resistencia al poder, construye las condiciones de posibilidad para una vida emancipada.

De esto se deriva que plantear una estrategia política de cambio radical en exterioridad total al mercado y al Estado es plantearla en exterioridad total a la sociedad. Una política emancipatoria que, como programa explícito y/o como parte de su 'cultura militante' o su 'actitud', se presente como una fuerza *puramente destructiva* del orden social (o, lo que es lo mismo, como una fuerza que sólo realiza vagas promesas de reconstrucción de otro orden luego de la destrucción del actual), no contará nunca con el apoyo de grupos importantes de la sociedad. Y esto es así sencillamente porque los prójimos perciben (correctamente) que tal política pone seriamente en riesgo la vida social actual, con poco para ofrecer a cambio. En otras palabras, propone un salto al vacío para una sociedad que, por su complejidad, no puede asumir ese riesgo. Se comprende entonces la dificultad de la izquierda de articular vastas fuerzas sociales en pos de un proyecto de cambio radical: la gente no confía en nosotros, y tiene excelentes motivos para no hacerlo.

A la hora de repensar nuestra estrategia, es indispensable tener en cuenta esta verdad fundamental: el carácter *constitutivo e inmanente* de las normas e instituciones que, sí, permiten y organizan la opresión y la explotación, pero que también y al mismo tiempo estructuran la vida social toda. En vista de lo anterior, no es posible seguir presentando a la sociedad una opción que signifique meramente la destrucción del orden actual y un salto al vacío animado por vagas promesas. Necesitamos, por el contrario, presentar una estrategia (y una actitud o cultura militante acorde) que explicite el camino de *transición* que permita reemplazar al Estado y el mercado por *otras formas de gestión de lo social*; formas con el suficiente grado de eficacia y en la escala necesaria como para garantizar la continuidad de la profunda división del trabajo que hoy caracteriza nuestra vida social (me refiero, por supuesto, a la división del trabajo que potencia la cooperación social, y no a la que funda las divisiones de clase). En otras palabras, es necesario pensar una estrategia política que apunte a reemplazar al Estado y el mercado por *instituciones de nuevo tipo* capaces de gestionar el cuerpo social. Me refiero a *instituciones políticas* que garanticen la realización de las tareas sociales que, por su complejidad y escala, el cuerpo social espontáneamente no está en condiciones de resolver.

La conclusión de lo anterior es que ninguna política emancipatoria que pretenda ser efectiva puede plantear su estrategia, explícita o implícitamente, *en exterioridad* al problema de la *gestión* alternativa (pero actual y concreta) de lo social. No existe política autónoma ni autonomía sin asumir responsabilidad por la gestión global de la sociedad realmente existente. Dicho de otro modo, no hay futuro para una estrategia (o una actitud) puramente destructiva que se niegue a pensar la *construcción* de alternativas de gestión *aquí y ahora*, o que resuelva ese problema o bien ofreciendo una vía autoritaria y por ello inaceptable (como lo hace la izquierda tradicional), o bien con meros escapes a la utopía y al pensamiento mágico (como el 'primitivismo', la confianza en el llamado a 'asambleas' cada vez que deba tomarse cualquier decisión, o en 'hombres nuevos' altruistas que espontáneamente actuarán siempre en bien de los demás, etc.). Para evitar confusiones: no estoy sugiriendo que los anticapitalistas debamos ocuparnos de gestionar el capitalismo actual de manera un poco menos opresiva (como supone la opción 'progresista'). Lo que intento argumentar es que necesitamos presentar opciones estratégicas que se hagan cargo de la necesidad de tener dispositivos políticos *propios*, capaces de gestionar globalmente la sociedad *actual* y de evitar así la disolución catastrófica de todo orden, mientras caminamos hacia la instauración de un mundo sin capitalismo.

Hipótesis dos:
Sobre la necesidad de una 'interfase' que permita pasar de lo social a lo político

Sostendré como segunda hipótesis que la formulación de un nuevo camino estratégico que se haga cargo del problema recién expuesto –es decir, que no sea puramente destructivo, sino también *creativo*– requiere pensar, explorar y diseñar colectivamente una 'interfase' autónoma que ligue a nuestros movimientos *sociales* con el plano *político* de la gestión global de la sociedad. No está implícito en esta afirmación el prejuicio típico de la izquierda tradicional, que piensa que la autoorganización social 'está bien', pero que la política 'de verdad' pasa por el plano partidario-estatal. No hay en la idea de la necesidad de un 'pasaje de lo social a lo político' ninguna valoración de este plano como más importante que aquél. Por el contrario, intento argumentar que una política autónoma debe estar firmemente anclada en procesos de autoorganización social, pero necesita expandirse hasta 'colonizar' el plano político-institucional. Permítanme explicar qué es eso de la 'interfase'.

En la sociedad capitalista el poder se estructura en dos planos fundamentales: el plano social general (biopolítico), y el plano propiamente político (el Estado). Llamo 'biopolítico' al plano social en general, siguiendo a Foucault, porque el poder ha penetrado allí, en nuestras vidas y relaciones cotidianas, de un modo tan profundo que ha transformado a ambas de acuerdo a su imagen y semejanza. Las relaciones mercantiles y de clase nos han ido moldeando como sujetos de modo tal, que reproducimos *nosotros mismos* las relaciones de poder capitalistas. Cada uno de nosotros es agente productor de capitalismo. El poder ya no domina desde afuera, parasitariamente, sino *desde adentro* de la propia vida social.

Y sin embargo, en el capitalismo ese plano biopolítico no resulta suficiente para garantizar la reproducción del sistema: requiere también de un plano que llamaremos 'político' a secas: el del Estado, las leyes, las instituciones, etc. Es este plano político el que garantiza que las relaciones biopolíticas en las que descansa el capitalismo funcionen aceitadamente: corrige desviaciones, castiga infracciones, decide cómo y hacia qué lugar direccionar la cooperación social, se ocupa de realizar tareas de gran escala que el sistema necesita, monitorea todo, y funciona como punta de lanza para que los vínculos biopolíticos capitalistas penetren cada vez más profundo. En otras palabras, el plano político se ocupa de la *gestión global de lo social*; bajo el capitalismo lo hace asumiendo una forma estatal.

En el capitalismo actual, el plano social (biopolítico) y el estatal (político) cuentan con una 'interfase' que los conecta: las instituciones representativas, los partidos, las elecciones, etc. A través de estos mecanismos (lo que suele llamarse 'la democracia') el sistema garantiza un mínimo de legitimidad para que la gestión global de lo social pueda realizarse. En otras palabras, es la interfase 'eleccionaria' la que asegura que la sociedad en general acepte que haya un cuerpo especial de autoridades que decidan sobre los demás. Pero se trata de una interfase *heterónoma*, porque crea esa legitimidad no en función del todo cooperante (la sociedad), sino en beneficio de sus clases dominantes. La interfase heterónoma canaliza la energía política de la sociedad de modo de impedir su auto-determinación.

Sostendré que la nueva generación de movimientos emancipatorios que está emergiendo desde hace algunos años viene haciendo formidables avances en el terreno *biopolítico*, pero encuentra dificultades para pasar de ese plano al *político*. Existen innumerables movimientos territoriales y colectivos de toda clase en todo el mundo que vienen poniendo en práctica formas de organización y de lucha que desafían los principios que rigen la vida social capitalista. La 'biopolítica' de estos movimientos *crea* —aunque sea en el ámbito local y hasta ahora en pequeña escala— relaciones humanas de nuevo tipo, horizontales, colectivistas, solidarias, no-mercantiles, autónomas, al mismo tiempo que lucha por *destruir* el capitalismo. Pero no hemos encontrado hasta ahora una estrategia política que nos permita trasladar estos valores y formas de vida al terreno de la gestión global de lo social, cosa indispensable para poder generar cambios más sólidos, profundos y permanentes en la sociedad toda. En otras palabras, nos falta desarrollar una interfase de nuevo tipo, una interfase autónoma que nos permita articular formas de cooperación política de gran escala, y que conecte nuestros movimientos, nuestros colectivos y nuestras luchas con el plano de la gestión global de lo social. Hemos rechazado correctamente la interfase que nos proponía la izquierda tradicional —los partidos (sean electorales o de vanguardia) y los líderes iluminados—, por comprender que se trataba de una interfase *heterónoma*. Para decirlo de otro modo, era una interfase que, en lugar de colonizar el plano político con *nuestros* valores y formas de vida emancipatorios, funcionaba colonizándonos a nosotros con aquellos de las elites y de la clase dominante. Pero nos falta todavía pensar, explorar y diseñar una interfase autónoma: sin resolver esta cuestión, temo que nuestros movimientos no lograrán establecer lazos más amplios con la sociedad toda y permanecerán en estado de permanente vunerabilidad frente al poder. La estrategia de la Sexta Declaración zapatista lleva la promesa de avances importantes en este sentido.

* * *

Segunda parte: La interfase autónoma como institución de nuevo tipo

¿En qué consistiría una interfase *autónoma*? ¿Qué nueva forma de organización política, diferente de los partidos, nos permitiría articular a gran escala la cooperación de vastos sectores del movimiento emancipatorio? ¿Cómo hacer para que tenga la efectividad necesaria como para hacerse cargo de la gestión global de lo social y, así, pueda convertirse en un instrumento estratégico para la superación del Estado y del mercado? Son éstas preguntas que el propio movimiento social ya se está haciendo intuitivamente, y que sólo él podrá resolver. Lo que sigue son algunas ideas para pensar colectivamente la cuestión. Comencemos con algunos principios generales.

Tesis 1:
Sobre la necesidad de una ética de la igualdad

Ya que no pueden pensarse normas e instituciones para seres abstractos, sin tener en cuenta sus costumbres y valores (es decir, su cultura específica), comencemos con una tesis sobre la nueva cultura emancipatoria.

Una de las grandes tragedias de la tradición de izquierda fue (y sigue siendo) su rechazo a pensar la dimensión ética de las luchas emancipatorias. En general, tanto en sus teorías como implícitamente en sus prácticas, la actitud típicamente de izquierda reduce el problema de la ética —es decir, la cuestión de los principios que deben orientar las buenas acciones, distinguiéndolas de las malas— a un problema meramente epistemológico. En otras palabras, las acciones políticas se consideran implícitamente 'buenas' si se corresponden con lo que indica una 'verdad' conocida previamente. Lo éticamente bueno/malo se reduce así a la 'línea' correcta/incorrecta. Así, la cultura de izquierda rechaza implícitamente toda ética de cuidado del otro (me refiero al otro *concreto*, el prójimo), reemplazándola por el compromiso con una verdad derivada de una ideología que afirma defender a un otro *abstracto* (la humanidad). Los efectos de esta ausencia de ética se observan constantemente en las prácticas: militantes abnegados y de buen corazón con frecuencia se permiten, en nombre de su 'verdad', acciones manipulativas y faltas de respeto que resultan inaceptables para cualquier persona común (que, como consecuencia, prefiere mantenerse lo más lejos posible de aquellos militantes). Implícitamente, se trata de una postura elitista que dificulta la cooperación entre iguales. Alguien que se reclame poseedor de la verdad no malgastará su tiempo en escuchar a los demás ni estará dispuesto a negociar consensos. Una política emancipatoria, en consecuencia, debe estar firmemente asentada en una ética radical de la igualdad y de responsabilidad frente al (y cuidado del) otro *concreto*. En este plano, para crear, difundir y hacer carne una ética emancipatoria, queda una enorme tarea por hacer. Muchos movimientos, sin embargo, ya están recorriendo ese camino: una inversión de la relación entre ética y verdad similar a la que aquí proponemos es la que expresa el eslogan zapatista "caminar al paso del más lento".

Tesis 2:
La horizontalidad requiere instituciones

Un problema fundamental que bloquea el desarrollo de nuevas formas organizativas reside en dos creencias erróneas: 1) que las estructuras organizativas y las normas más o menos firmes de algún modo atentan contra la horizontalidad y el carácter 'abierto' de las organizaciones, y 2) que cualquier división del trabajo, especialización y delegación de funciones atenta contra la horizontalidad y/o la autonomía. Los movimientos con vocación horizontal en Argentina y en otros sitios ya hace tiempo se cuestionan tales creencias.

Cualquiera que haya participado en alguna organización de tipo horizontal, incluso pequeña, sabe que, en ausencia de mecanismos que protejan la pluralidad y fomenten la participación en pie de igualdad, la 'horizontalidad' pronto se convierte en un terreno en el que predominan los más fuertes o mejor preparados. También sabe lo frustrantes y de alcances limitados que pueden ser las estructuras asamblearias en las que *todos* están forzados a tomar siempre *todas* las decisiones, desde la estrategia más general, hasta el cambio de un enchufe. La 'tiranía de la falta de estructura', como la llamó hace tiempo una feminista norteamericana, desgasta nuestras organizaciones, subvierte sus principios, y las hace ineficaces.

Este problema se hace evidente toda vez que un colectivo o movimiento adquiere una escala mayor. Mientras lo integren pocas personas –

digamos, menos de 200 o 300– el problema de la división de tareas y la asignación de roles que implican algún grado de 'representación' se resuelve por mecanismos personales e informales. Alguna gente comienza espontáneamente a desempeñar esas funciones, y el colectivo lo alienta y permite tácitamente porque es necesario. Como esa asignación de tareas no es electiva ni explícitamente acordada, con frecuencia el colectivo encuentra difícil controlar a quienes las desempeñan, y asegurar que no acumulen experiencia, contactos, credibilidad, en suma, *poder*, a costa de los demás. Las tensiones que de ello derivan suelen aparecer como cuestiones personales que, sin embargo, entorpecen, debilitan y con frecuencia destruyen el colectivo. Por otra parte, cuando el tamaño del grupo supera la escala del contacto cara a cara y del conocimiento personal entre todos los miembros, la ausencia de reglas impersonales de funcionamiento, de formas acordadas (y controladas) de delegación y de división de tareas, limita seriamente el trabajo colectivo.

A diferencia de lo que suele pensarse, las organizaciones horizontales y autónomas necesitan *mucho más* de las 'instituciones' que las organizaciones jerárquicas. Éstas siempre pueden contar, en última instancia, con la voluntad del líder para resolver conflictos, asignar tareas, etc. Por ello, y para pasar del plano biopolítico al político, los movimientos y colectivos autónomos necesitan desarrollar *instituciones de nuevo tipo*. Por 'instituciones' no refiero a jerarquías burocráticas, sino simplemente a un conjunto de acuerdos respecto de pautas de funcionamiento, formulados como reglas explícitas, y dotados de las estructuras organizacionales que garanticen su efectivo funcionamiento. Esto incluye:

a) Una división del trabajo razonable, indispensable para potenciar la escala de la cooperación. Si todos son responsables de todo al mismo tiempo nadie resulta responsable de nada. La división de tareas también lleva implícita una división clara entre tipos de decisiones que tomarán individuos o grupos de trabajo (aunque siempre 'fiscalizables' por los demás), y otras que tomará el colectivo en su conjunto. Esta división del trabajo, sin embargo, debe estar fundada en los valores del movimiento: las tareas y responsabilidades deben repartirse de modo tal que no resulte –como sucede en los partidos políticos– que algunos acumulen siempre las tareas calificadas y enriquecedoras (tomar decisiones, hablar en público, etc.), mientras que otros sólo desempeñan funciones tediosas y repetitivas (hacer pintadas o vender el periódico). Existen diversas formas para garantizar que esto no suceda, desde esquemas de tareas rotativas, hasta la asignación de un balance de tareas para cada uno, de modo que todos siempre desempeñen al mismo tiempo un poco de tareas enriquecedoras y otro poco de rutinarias.

b) Formas atenuadas de representación y delegación. La crítica justa a los representantes que terminan 'sustituyendo' al representado nos ha llevado, en algunos casos, a rechazar la representación *toda* en favor de supuestas prácticas de democracia directa. Sin embargo, la creencia en que se pueda organizar cooperación y acción colectiva a gran escala sin apelar a *ninguna* forma de delegación no es otra cosa que pensamiento 'mágico'.

No siempre es útil o posible que nadie en particular actúe como vocero del grupo, o que todos tomen una decisión de extrema urgencia, u ocupen un puesto en una mesa de negociaciones, etc. El problema de la representación no es que *haya* representantes, sino que éstos se conviertan en *un grupo especial* permanente, que se distinga y separe del colectivo. Una institución de nuevo tipo debe incluir acuerdos previos acerca de quiénes desempeñarán funciones de voceros, delegados o representantes en diversos ámbitos o situaciones, y a partir de qué mecanismos democráticos y transparentes serán designados. Pero también deben existir reglas claras que limiten las posibilidades de que los favorecidos en un momento se transformen en 'dirigentes profesionales', fijos, con una capacidad de afectar las decisiones del conjunto mayor que la de los demás. Nuevamente en este caso, existe una gama de recursos organizacionales para garantizar esta cuestión, desde los cargos rotativos o por sorteo, hasta la limitación temporal del desempeño de una función, etc. Por lo demás, debe desarrollarse al máximo la capacidad de organizar procesos colectivos de toma de decisión para los asuntos importantes. En este sentido, una institución de nuevo tipo debe avanzar hacia el reemplazo del modelo del líder o dirigente –típico de los partidos– al del 'facilitador', capaz de utilizar sus saberes y habilidades no para tomar decisiones por los demás, sino para colaborar con la organización de procesos colectivos de deliberación.

c) Una demarcación clara de los derechos que corresponden a los individuos y a las minorías, de aquellos que corresponden al colectivo o a la mayoría. La creencia según la cual una organización colectiva debe absorber o negar la individualidad de sus miembros (o, dicho de otro modo, que cada persona debe 'disolverse' como individuo para entrar a un colectivo) es no sólo autoritaria, sino poco realista. En cualquier forma de cooperación social subsiste una tensión ineliminable entre los deseos y necesidades de la persona –o de un grupo minoritario de personas– y aquellos del colectivo. Una organización de nuevo tipo no puede funcionar imaginando que esta tensión no existe, ni pretendiendo suprimirla. De lo que se trata es de acordar colectivamente qué espacios de derecho y atribuciones permanecerán en la esfera individual o minoritaria (por ejemplo, poder expresar públicamente una disidencia sin temor a ser expulsado, o abstenerse de participar en una acción colectiva que genere conflictos éticos), y cuáles serán patrimonio exclusivo del colectivo.

d) Un procedimiento justo y transparente de manejo de conflictos. En cualquier organización surgen inevitablemente conflictos, tanto de intereses y opiniones políticas, como simplemente personales. Al no ser reconocidos como legítimos, el mal manejo de estos conflictos es una de los motivos que más afectan la continuidad de la cooperación en los movimientos emancipatorios. Es fundamental que una organización de nuevo tipo cuente con reglas claras para garantizar un tratamiento lo más justo posible para las partes de cualquier conflicto. También aquí hay un largo acervo de experiencias que pueden aprovecharse: técnicas de mediación, formas de 'división de poderes' de modo tal que ninguna parte en conflicto sea 'juez y parte' al mismo tiempo, etc.

Tesis 3:
Una organización política que 'imite' las formas biopolíticas

Las formas políticas de organización, en el sentido en el que las hemos definido en este ensayo, suelen establecer una relación 'mimética' con las formas biopolíticas. En otras palabras, cristalizan mecanismos institucionales y normativos que copian o 'imitan' ciertas formas que son inmanentes a la auto-organización social. Esto, sin embargo, no significa que sean neutrales: por el contrario, su variable forma específica puede direccionar la cooperación social en un sentido que, o bien refuerza las relaciones heterónomas (*poder-sobre*), o bien lo hace en favor de otras autónomas (un *poder-hacer* emancipado). El andamiaje político-institucional del capitalismo es un buen ejemplo de esto.

La estructura política de los inicios del Estado capitalista –la época de los Estados absolutistas– 'imitaba' casi perfectamente la forma piramidal típica de las relaciones puramente heterónomas: una relación vertical de mando-obediencia. No casualmente, la estructura piramidal de los Estados (y luego también la de las escuelas, hospitales, empresas, etc.) 'copiaba' la jerarquía piramidal de mando de los ejércitos, que a su vez había solidificado en una jerarquía de 'grados' militares un diferencial primordial de poder entre los antiguos guerreros del medioevo. Así, el poder de mando estaba centralizado y concentrado en la cima de la pirámide –el rey–, que comandaba una estructura piramidal de funcionarios que paulatinamente dejaron de ser de origen noble. En ocasiones, sin embargo, el rey seguía compartiendo alguna atribución política con el consejo o 'parlamento' que representaba a su clase dominante, la aristocracia terrateniente/mercantil/guerrera.

Por motivos que sería extenso explicar aquí –pero que tienen que ver tanto con las propias necesidades del capitalismo como con la presión de las clases subalternas– esa estructura estatal primera fue evolucionando hasta adquirir la forma institucional que hoy conocemos. Así, la estructura piramidal básica fue incorporando otros dispositivos institucionales que 'imitaban', al menos parcialmente, *otras* formas de cooperación no-jerárquicas presentes en el cuerpo social. Los parlamentos, ahora 'democráticos', permitieron así incorporar una mayor pluralidad de voces e intereses políticos en un dispositivo deliberativo que, si bien 'imitaba' las formas asamblearias propias de la democracia verdadera, estaba cuidadosamente controlado por un marco institucional que limitaba sus alcances. Otro ejemplo: el sistema de selección de los funcionarios a través de elecciones competitivas 'democráticas' entre partidos permitió canalizar los impulsos de auto-organización política y el natural agrupamiento de afinidades en una nueva estructura jerárquica que los conectaba así con la pirámide estatal primordial. Más recientemente, para recuperar legitimidad, algunos Estados han incluso establecido mecanismos a través de los cuales se abre parcialmente la toma de decisiones políticas –siempre de poca importancia– a colectivos auto-organizados que *no pertenecen* al aparato estatal, incluso si son de tipo horizontal (asociaciones vecinales, cooperativas, ONGs, movimientos sociales, etc.). Los experimentos de presupuesto participativo son un buen ejemplo. Lo que importa para nuestros propósitos es que todo el andamiaje institucional del Estado capitalista combina formas jerárquicas (piramidales) y formas no-jerárquicas (deliberativas u horizontales) de modo tal de poner la energía de cooperación social en un marco jerárquico y heterónomo. Así, incluso bajo el capitalismo las formas no-jerárquicas y autónomas resultan indispensables para organizar la energía social; sin embargo, rodeadas por un marco institucional piramidal y sobredeterminadas por el poder, son utilizadas para canalizar esa energía en favor de una política heterónoma. Tras toda la parafernalia pseudo-participativa, el Estado sigue siendo ante todo aquella vieja pirámide de la época absolutista.

La sociedad emancipada del futuro seguramente invertirá la relación actual entre formas jerárquicas y horizontales, de modo tal que aquéllas, de ser necesarias, estarán incluidas en un diseño político-institucional que las ponga al servicio de las horizontales. Existen autores que vienen desarrollando un importante trabajo de imaginación de instituciones de nuevo tipo para reemplazar tanto al Estado (por ejemplo Stephen Shalom, en www.zmag.org/shalompol.htm) como al mercado (por ejemplo Michael Albert, en su libro *Parecon* y en www.lavaca.org/notas/nota379.shtml, www.parecon.org). Lo que me interesa aquí es pensar, en función de *una estrategia para el presente*, cómo crear una nueva forma de organización política que pueda funcionar como 'interfase autónoma' en el sentido explicado más arriba.

La hipótesis principal en este punto es que un diseño institucional de nuevo tipo podría desarrollarse 'imitando' las formas biopolíticas que nuestros movimientos *ya vienen* explorando. En otras palabras, el trabajo colectivo de diseño institucional –que seguramente llevará muchos años de ensayo y error– puede orientarse identificando aquellas encrucijadas en las que la auto-organización autónoma florece y se expande, y aquellas otras en las que cae víctima de sus propias tendencias jerárquicas y heterónomas, para instituir dispositivos políticos que se apoyen en (y potencien a) las autónomas, a la vez que sorteen, limiten o eliminen a las heterónomas. Se trata de pensar un dispositivo organizacional que, en lugar de contener, parasitar o reprimir al movimiento social, se ocupe de facilitarlo, de protegerlo, y de dotarlo de herramientas más efectivas a la hora de organizar la cooperación entre iguales a gran escala. Se trata, asimismo, de pensar una organización de nuevo tipo que pueda hacerse cargo de la gestión global de lo social.

Nuestras nuevas organizaciones políticas podrían pensarse como una 'imitación' del funcionamiento de las redes biopolíticas cooperantes (es decir, de la forma primordial que se opone a la de la pirámide del poder). Permítanme expicarme. Desde hace algunos años, científicos del campo de las ciencias naturales y de las ciencias de la información vienen desarrollando las llamadas 'Teorías de la complejidad', que, entre otras cosas, permiten entender un fenómeno llamado 'emergencia'. Emergencia refiere a un conjunto de acciones autónomas de múltiples agentes en el plano local que generan una pauta de comportamiento global o general que nadie planea ni dirige, y que sin embargo es perfectamente racional y efectiva. Cada agente local sigue sus propias reglas, pero en la interacción con otros agentes locales, con los que se contacta en red, emergen patrones de acción colectiva que pueden aprender, evolucionar y adaptarse efectivamente al medio sin que nadie los controle o dirija, y de formas inesperadas. Las redes 'hacen cosas' colectivamente, sin que nadie esté allí gritando órdenes. Procesos de 'emergencia' se observan en una variedad de fenómenos naturales, desde el comportamiento de algunos tipos de hongos hasta el vuelo de las bandadas de pájaros. También se han observado en la vida social, desde los patrones de crecimiento de las ciudades, hasta el ejemplo de los ejemplos: Internet.

El ejemplo de las redes y el fenómeno de emergencia fue inmediatamente utilizado como analogía para pensar la acción política de aspiraciones no jerárquicas. Muchos tendimos a considerar las estructuras en red y sus comportamientos en el nivel biopolítico como un 'modelo' suficiente para pensar y organizar una nueva estrategia emancipatoria. Las redes parecían ofrecer un modelo no-jerárquico ni centralizado, flexible, de cooperación no-competitiva. Como parte de los debates dentro del movimiento emancipatorio, muchos apostamos a la idea de las 'redes laxas', y nos opusimos a cualquier intento de reencauzar las redes dentro de formas jerárquicas. La esperanza entonces era que la propia vida de la red, librada a su desarrollo espontáneo, instituiría un mundo emancipado (o, al menos, zonas de autonomía más o menos extensas).

La experiencia acumulada en los últimos tiempos parece indicar que, en esa esperanza, pecábamos de ingenuidad. Quisiera argumentar que las estructuras en red efectivamente proveen un 'modelo' indispensable para describir la 'vida cotidiana' –si se me permite la imagen– del movimiento en su plano social general (biopolítico). Pero el pasaje al plano político, sobre cuya irreductibilidad argumentábamos más arriba, requiere pensar y desarrollar *instituciones de nuevo tipo* que potencien y protejan los fenómenos de emergencia y auto-organización. Son tales instituciones las que pueden pensarse según la hipótesis de la 'imitación' de la forma red.

Para intentar clarificar este concepto, tomemos el ejemplo de Internet. El marco técnico y la estructura reticular de Internet han ofrecido inesperadas oportunidades para la expansión de la cooperación social espontánea en escalas nunca antes alcanzadas. La existencia de extensas 'comunidades inteligentes' de desarrollo espontáneo, no jerárquico ni centralizado, en las que se borran las distinciones entre emisores y receptores, ha sido ampliamente documentada en la red de redes. Y sin embargo, el propio funcionamiento de Internet genera también tendencias hacia la concentración de la información y los intercambios. No me refiero aquí a las varias formas en que los Estados y las corporaciones todavía controlan aspectos importantes del funcionamiento técnico de la red, sino a fenómenos de surgimiento de 'lugares de poder' que son inmanentes al propio ciberespacio. En el esquema de red abierta, cualquier punto de la red puede conectarse libre e inmediatamente con cualquier otro. Y sin embargo, casi todos nosotros utilizamos portales y motores de búsqueda, que a la vez facilitan la conectividad –y con ello expanden las posibilidades de cooperación y el *poder-hacer*– y centralizan los flujos. Portales como Google tienen así un papel ambivalente: si bien, en cierto sentido, 'parasitan' la red, son también parte fundamental de la arquitectura de Internet. Por ahora, los efectos de esta concentración de flujos en el sentido de un ejercicio de *poder-sobre* por parte de Google son poco perceptibles. Aunque corporativo, el servicio tiene pocas restricciones y es gratuito. Pero potencialmente esa concentración fácilmente puede traducirse –y ya se está traduciendo– en una jerarquización de los contactos en la red. Valgan como ejemplo los recientes acuerdos de Google y Yahoo con el gobierno Chino para controlar y censurar los accesos de los cibernautas de ese país. Por otro lado, desde hace tiempo es posible pagar a Google para aparecer en lugares prominentes en las búsquedas, cosa que restringe la conectividad con nodos que no puedan o quieran pagar.

¿Qué hacer con una institución como Google (y Yahoo, etc.)? Nos sirven para hallarnos entre nosotros, pero el propio uso que nosotros le damos pone en manos corporativas resortes de poder que se vuelven en nuestra contra. ¿Qué hacer? Respondo con una humorada. La estrategia de la izquierda tradicional indicaría que el Partido debe 'tomar Google': desplazar a sus dueños, eliminar Yahoo y cualquier otra competencia corporativa, y 'poner a Google al servicio de la clase obrera'. Pero las consecuencias autoritarias y la ineficacia de esta estrategia son bien conocidas. Por otro lado, una estrategia libertaria ingenua podría ser destruir Google, Yahoo, etc. e impedir luego el surgimiento de cualquier nodo que concentrara (incluso en pequeña escala) los flujos de información. Pero el resultado de esto sería el virtual derrumbamiento de Internet y de las experiencias de cooperación que la red permite. Todos podríamos *en teoría* comunicarnos con todos, pero en la práctica sería enormemente difícil hallarnos entre nosotros. En ausencia de opciones mejores, y ante el colapso de la cooperación social, todos terminaríamos arrojándonos en brazos del primer proto-empresario que nos ofreciera un nuevo Google…

¿Cómo operaría en este ejemplo (confesadamente tonto) la estrategia de una política autónoma como la que venimos persiguiendo? Lo haría identificando las encrucijadas de la red de cooperación que Internet articula, y los lugares de poder y de centralización que (como Google) esa misma red produce. Identificadas las tendencias inmanentes que pudieran dar lugar al surgimiento de formas de *poder-sobre*, la estrategia de una política autónoma sería la de generar una alternativa organizativa que permita realizar eficazmente las funciones que Google desempeña en favor del *poder-hacer*, poniendo cualquier concentración de flujos que fuere necesaria dentro de un marco institucional que garantice que esa concentración no subvierta los valores emancipatorios que la 'vida cotidiana' (biopolítica) de la red de redes promete. Se trata de pensar y desarrollar un diseño político-institucional (que por ello trasciende las posibilidades espontáneas o 'biopolíticas' de los nodos de la propia red) que proteja la red de las tendencias centralizadoras/jerarquizantes. Pero una estrategia autónoma no protege a la red de esas tendencias negándolas, sino reconociéndolas y asignándoles un lugar subordinado dentro de un andamiaje institucional 'inteligente', de modo que podamos mantenerlas bajo control. La tesis de la 'imitación' de la forma biopolítica reticular refiere precisamente a tal forma de operación institucional 'inteligente'.

Imaginando un modelo organizativo de nuevo tipo

Cambiando lo que haya que cambiar, el ejemplo de los problemas de Internet puede trasladarse al del movimiento emancipatorio en su conjunto. Existe hoy, aunque incipiente, una red laxa de movimientos sociales conectada a nivel global. También existen dentro de esta red, como parte de su funcionamiento inmanente, lugares de centralización y de poder que desempeñan un papel ambivalente, comparable al de Google. El Foro Social Mundial, las iniciativas 'Intergalactikas' de los zapatistas, algunas ONGs, e incluso algún gobierno nacional han colaborado para expandir la conectividad de la red y, con ella, las posibilidades de ampliar su capacidad cooperante. Pero, por su propia concentración de los flujos, estos polos de atracción son también potencialmente peligrosos para la red, ya que pueden convertirse en la vía de ingreso de una política heterónoma.

¿Cómo plantear una estrategia de política autónoma en este contexto? ¿Quién lo haría, y cómo? La hipótesis de la 'interfase autónoma' es un intento de pensar las condiciones generales que hagan posible responder esa pregunta. Va de suyo que cualquier estrategia debe desarrollarse en y para situaciones concretas. Lo que sigue no pretende ser una receta ni un modelo, sino sólo un ejercicio imaginativo destinado a expandir nuestros horizontes de búsqueda.

Hemos dicho que una organización de nuevo tipo que pueda convertirse en una interfase autónoma debería a la vez tener un diseño anticipatorio (es decir, estar de acuerdo con nuestros valores fundamentales) y poseer la capacidad de 'colonizar' las estructuras jerárquicas existentes para —según convenga— neutralizarlas, reemplazarlas por otras, o ponerlas a funcionar en un marco político-institucional nuevo, de modo que habilite un camino hacia la vida emancipada. En términos prácticos, ambos imperativos suponen que lo fundamental de una organización de nuevo tipo sería su capacidad de articular formas de cooperación social no-opresivas, sólidas y de gran escala.

Aunque pueda sonar novedoso, la tradición de luchas emancipatorias ha ensayado en el pasado la creación de formas similares a la interfase autónoma de la que venimos hablando. El ejemplo más desarrollado y famoso fue el de los soviets durante las revoluciones rusas de 1905 y 1917. Como creación autónoma de los trabajadores, los soviets surgieron en principio como órganos de coordinación de la lucha. En el curso de las revoluciones, y sin proponérselo de antemano, los soviets desempeñaron al mismo tiempo funciones de 'doble poder' o, para decirlo en los términos que hemos empleado en este ensayo, de 'gestión global de lo social'. Los soviets estaban conformados por 'diputados' enviados por cada grupo en lucha, en un número que variaba de acuerdo a su tamaño. Ofrecieron así un ámbito abierto y múltiple de encuentro y deliberación horizontal para diversos sectores sociales –soldados, campesinos, obreros, minorías nacionales–, y diversas posturas políticas; a diferencia de las organizaciones partidarias existentes entonces, que exigían a sus miembros pertenencia exclusiva y hacían política en competencia unas con otras, el soviet era un ámbito de cooperación abierto a todos. A la vez, los soviets se ocuparon de organizar cuestiones tales como el abastecimiento en las ciudades, el sistema de transportes, la defensa en la guerra, etc. Su prestigio derivaba de ambos aspectos: de su 'representatividad' de los múltiples sectores en lucha y su carácter prefigurativo, y de su capacidad de ofrecer una alternativa real de gestión.

La estrategia de la interfase soviética frente al poder estatal fue variando durante la revolución de 1917: durante la fase de 'colaboración' cooperaron críticamente con el Gobierno Provisional, presionándolo desde afuera; en la fase de 'coalición', los soviets decidieron designar ellos mismos algunos de los ministros de ese gobierno; en octubre finalmente optaron por deshacerse directamente del Estado anterior y designar un gobierno 'de comisarios del pueblo' propio. Durante ese proceso la dinámica de auto-organización soviética había ido multiplicándose (de forma no competitiva, a diferencia de los partidos) con la creación de cientos de soviets en todo el país que confluían en el Congreso Panruso de los Soviets, órgano depositario de la mayor legitimidad revolucionaria.

Cierto, la experiencia de los soviets se vio muy pronto frustrada. El gobierno designado por ellos pronto terminó, paradójicamente, vaciando de contenido a los propios soviets e instaurando una dictadura de partido único. No es éste el lugar de examinar los motivos de ese fracaso. Valga sugerir, sin embargo, que además de la responsabilidad central de los bolcheviques por haber ahogado a sangre y fuego la democracia en los soviets, quizás haya sido la propia institucionalidad marcadamente 'delegativa' de éstos la que haya facilitado el proceso. En efecto, la particular estructura institucional soviética descansaba en representantes delegados que, a su vez, elegían un Comité Ejecutivo de menos miembros que, en la práctica, concentraba mucho del conocimiento y la autoridad para tomar las decisiones más importantes. Quizás haya sido a través de esa distancia respecto de sus representados que se coló una nueva forma de *poder-sobre*. Quizás haya colaborado también la ausencia de una ética de la igualdad.

Comoquiera que haya sido, lo que nos importa aquí es el ejemplo histórico de una interfase autónoma, capaz tanto de articular la cooperación entre movimientos en lucha, como de hacerse cargo de la gestión global de lo social; su itinerario puede indicarnos posibilidades y peligros para la política emancipatoria del presente. Enseñanzas similares podrían extraerse también de la experiencia de los zapatistas (en particular de su invención de las Juntas del Buen Gobierno).

¿Cómo podríamos imaginar una interfase para los tiempos actuales? Imaginemos una organización diseñada, como el soviet, para ser un *espacio abierto*, es decir, que acepte a todos quienes quieran participar (dentro de ciertos criterios, por supuesto) y que su propósito sea el de proporcionar una arena deliberativa. En otras palabras, una organización que no defina de antemano qué hacer, sino que ofrezca a sus miembros el espacio donde decidirlo colectivamente. Imaginemos que esta organización surge definiéndose de manera amplia como un espacio de coordinación de luchas anticapitalistas, antirracistas, antipatriarcales y antisexistas; llamémosle 'Asamblea del Movimiento Social' (AMS).

La AMS estaría conformada por un vocero por cada colectivo aceptado como miembro (los individuos que quieran participar deberán agruparse previamente en colectivos). Tal como los soviets, sería. la propia Asamblea la que decidiría qué organizaciones acepta como miembros, buscando hacer lugar a la mayor multiplicidad posible de grupos sociales (obreros, mujeres, estudiantes, indígenas, gays, etc) y tipos de organización (colectivos, sindicatos, ONGs, partidos, movimientos, etc.). A diferencia del soviet, las organizaciones-miembro más grandes no gozarían de un número mayor de voceros, sino que se asignaría a cada organización una cantidad de 'votos' proporcional a su valor para la AMS. Por ejemplo, el vocero de un pequeño colectivo de arte político podría tener derecho a dos votos, mientras que el de un gran sindicato de obreros metalúrgicos podría tener derecho a 200. La asignación de 'capacidad de voto' estaría en función de una serie de criterios pre-establecidos, decididos colectivamente, que podría así reconocer las diferencias de tamaño, antigüedad, aporte a la lucha, valor estratégico, etc., de cada grupo, según una ecuación que también garantice que ningún grupo tenga una capacidad de votos tal que le permita condicionar unilateralmente las decisiones. La AMS intentaría trabajar por consenso, o al menos estableciendo la necesidad de mayorías calificadas para tomar ciertas decisiones importantes. En el caso en que hubiera que votar alguna decisión en particular, cada organización-miembro podría decidir de qué manera utilizar su capacidad de voto. Así, el sindicato podría usar todos sus 200 votos en favor de la postura de, digamos, llamar a una acción directa contra el gobierno; pero también, en caso de estar internamente dividido, podría optar por representar la postura de su minoría, de modo que, por ejemplo, 120 votos podrían ir en favor de la acción directa, y 80 en contra. De esa manera, la forma de funcionamiento de la AMS no estaría estimulando la homogeneización forzada de las posturas y el divisionismo de cada organización-miembro.

Formalmente, las decisiones importantes dentro de la AMS permanecerían en manos de cada organización-miembro. Ellas mismas establecerían la modalidad de su relación con sus propios voceros –algunas preferirían delegarles su capacidad de decisión, otras no. En cualquier caso, la AMS pondría en funcionamiento mecanismos de toma de decisiones que permitan que cada organización tenga la oportunidad de debatir internamente los temas importantes y mandatar luego expresamente a sus voceros. También, mediante métodos electrónicos, existiría la posibilidad de expresar voz y votos a distancia para aquellas organizaciones que no puedan tener a sus voceros presentes por algún motivo, o para aquellas que lo tengan presente pero quieran, de todos modos, seguir las discusiones y definirse 'en tiempo real'.

Las decisiones que la AMS tomara no comprometerían la autonomía de cada organización-miembro, las que mantendrían su propia 'soberanía' a la hora de definir sus propias luchas y acciones. La AMS no pretendería tener la representación exclusiva del movimiento social, ni exigiría a sus miembros pertenencia exclusiva. Podría haber más de una organización del estilo de la AMS, y sus miembros podrían eventualmente superponerse sin que esto resultara un problema. Estaría en el interés de todos los miembros cooperar con cualquier otra organización que represente al movimiento social.

La AMS no tendría autoridades en el sentido fuerte, es decir, 'dirigentes'. Elegiría sí a varios equipos de 'facilitadores' para ocuparse de diversas funciones, por ejemplo:

1) recibir y evaluar peticiones de nuevas incorporaciones y recomendar a la AMS si aceptarlas o no, y con cuanto derecho a voto;

2) mantener debidamente fiscalizado y en funcionamiento el mecanismo de voto a distancia;

3) ocuparse de las finanzas;

4) desempeñarse como voceros de prensa;

5) visitar a otras organizaciones para invitarlas a ingresar a la AMS;

6) participar como voceros o representantes en tal o cual espacio político;

7) funcionar como moderadores y negociadores en caso de conflictos entre grupos-miembro;

8) gestionar los cursos de formación política que la AMS ofrece;

9) tomar decisiones tácticas o prácticas en casos de urgencia;

10) ejercer un poder parcial de veto para decisiones que contradigan seriamente los principios fundamentales de la AMS;

11) ocuparse de motorizar campañas específicas decididas por la AMS (por ejemplo, contra la guerra, contra la violencia contra las mujeres, etc.).

12) etc.

Los cargos de facilitador podrían tener una duración limitada, y rotar entre las diferentes organizaciones-miembro, para evitar acumulación de poder y las típicas peleas de protagonismo entre dirigentes.

¿Para qué serviría una organización de estas características? Dependiendo del contexto político, podría servir para varios fines. Supongamos un contexto en el que la AMS recién comienza a funcionar, es un grupo relativamente pequeño de organizaciones, con poco impacto social. En ese contexto la AMS podría funcionar como una especie de 'cooperativa política', en la que cada grupo aporta algo de sus recursos –contactos, experiencia, conocimientos, dinero, etc.– para fines en común: defenderse de la represión, organizar una manifestación, iniciar una campaña de esclarecimiento contra un tratado de libre comercio, etc. El trabajo en común, por otro lado, contribuiría a fortalecer los vínculos de la red más general de movimientos sociales.

Supongamos ahora un contexto un poco más favorable. Viendo que la AMS efectivamente funciona y permite articular formas de cooperación útiles para todos y en sintonía con los valores emancipatorios, muchas agrupaciones antes renuentes se han integrado. La AMS ha crecido y agrupa ya a un número importante de organizaciones de todo tipo; su voz, por otro lado, ya se ha hecho escuchar en la sociedad en general, y sus mensajes se siguen con cierto interés. En este contexto la 'cooperativa política' podría funcionar para movilizar influencia capaz de incidir *directamente* en la política estatal. La AMS podría, por ejemplo, amenazar al gobierno con huelgas y acciones callejeras si se firma el tratado de libre comercio. Podría también, si lo creyera conveniente, llamar a un boicot electoral en las próximas elecciones. O, alternativamente, podría decidir que es conveniente, estratégicamente hablando, participar en las elecciones legislativas presentando candidatos propios. Fiel a sus principios, esos candidatos serían sólo 'voceros' de la AMS, sin derecho a actuar por iniciativa individual, y sin derecho a ser reelectos luego de su período. En caso de resultar electos senadores o diputados, se limitarían a llevar la voz y el voto decididos por la AMS. En este caso, la 'cooperativa política' serviría para agrupar fuerzas con fines electorales, y para distribuir luego las 'ganancias' obtenidas (es decir, la incidencia en la política estatal) entre todas las organizaciones-miembro. Como los candidatos se presentaron a elecciones no como individuos sino como voceros del colectivo, la 'acumulación' política sería en favor de la AMS en su conjunto. Al ver la capacidad de cooperación así desplegada, y los controles que la AMS establece para que sus candidatos no se transformen en una casta de políticos profesionales, crecería el prestigio de la organización a ojos de la sociedad toda.

Supongamos un contexto todavía más favorable. La AMS ya tiene una larga experiencia de trabajo en común. Ha ampliado a varios miles el número de sus organizaciones-miembro. Ha perfeccionado sus procedimientos de toma de decisiones, de negociación de consensos y de división de tareas. Ha contribuido a difundir una nueva ética militante. Tiene un aceitado mecanismo para resolver conflictos, y un eficaz sistema de controles para evitar que un individuo o grupo acumule poder a costa de todos. Sus discusiones y posturas políticas se escuchan con gran atención en la sociedad toda. La estrategia de boicot electoral ha dado sus frutos, y el gobierno y los partidos políticos pierden rápidamente credibilidad. O, alternativamente, la estrategia de 'colonizar' partes del Estado con gente propia ha dado resultado, y vastas secciones del Poder Legislativo y algunas del Ejecutivo están bajo control de la AMS. En cualquier caso, los mecanismos del Estado han perdido legitimidad, y un poderoso movimiento social presiona por cambios radicales: por todas partes hay desobediencia, huelgas, acción directa. En este caso, la 'cooperativa política' podría servir para preparar el siguiente paso estratégico, proponiéndose como alternativa (por lo menos transicional) de gestión global de lo social. La estrategia a seguir puede variar: la AMS podría continuar 'colonizando' los mecanismos electorales que ofrece el sistema, y tomando paulatinamente en sus manos más y más resortes de gestión. O podría, alternativamente, promover una estrategia insurreccional. O una combinación de ambas.

Claro, esto se trata tan sólo de un ejercicio imaginativo destinado solamente a ejemplificar cómo podría funcionar una interfase autónoma. En este caso hipotético, la AMS habría funcionado a la vez como institución capaz de organizar la cooperación de las voluntades emancipatorias, y como institución capaz de hacerse cargo de la gestión global de lo social *aquí y ahora*. Su estrategia consistió, primero, en desarrollar una institucionalidad que 'imita' las formas múltiples en que se estructuran las redes cooperantes (un espacio abierto y múltiple, aunque políticamente reglado) y su carácter prefigurativo (un espacio horizontal y autónomo que expande el *poder-hacer* sin concentrar *poder-sobre*). En segundo lugar, desarrolló una estrategia 'inteligente' de lectura de la configuración de los lazos de cooperación presentes en la sociedad actual, identificando las encrucijadas en las que el *poder-sobre* desempeña un papel ambivalente (es decir, aquellas operaciones del Estado que estructuran vínculos en alguna medida útiles o necesarios) para poder así ofrecer una alternativa de gestión superadora (autónoma), y no meramente destructiva. A diferencia de los Partidos –incluyendo los leninistas–, que 'colonizan' al movimiento social con las formas de la política heterónoma, la organización de nuevo tipo que llamamos AMS entró en interfase con las estructuras estatales 'colonizándolas' con la lógica de la autonomía, 'drenando' su poder en otros casos, o simplemente destruyéndolas cuando hiciera falta.

Naturalmente, esto no pretende ni podría ser el modelo de un engranaje perfecto: la AMS no requiere, para su funcionamiento, estar integrada por seres 'angelicales'. Por supuesto que se filtrarían luchas de poder en su seno, y que habría conflictos de todo tipo. Por supuesto que una institución tal no resolvería, de una vez y para siempre, la tensión implícita en la distancia entre lo social y lo político. La política emancipatoria seguiría siendo, como lo es hoy, una apuesta trabajosa y sin garantías por intervenir en la ambivalencia intrínseca de la vida social para resolver cada situación en el sentido de la expansión de la autonomía. El beneficio de una institución de nuevo tipo tal sería que esas luchas, conflictos y tensiones estarían a la vez reconocidos y reglados de modo tal que no destruyan inevitablemente la cooperación. Lo que hicimos fue un mero ejercicio imaginativo, excesivamente simplificado. No se me escapan sus varios flancos débiles (por mencionar sólo uno, el planteamiento estratégico fue pensado sólo para el plano de la política a nivel del Estado-nación, ignorando los condicionantes y oportunidades del plano de la política global). Pero aunque no sea más que un ejercicio imaginativo, espero que pueda contribuir para expandir el horizonte de posibilidades que se abre a la hora de enfrentar la pregunta crucial de la estrategia emancipatoria: *qué hacer*.

Buenos Aires, marzo de 2006